Marie-Josée

Devenir proche aidant

Maladie d'Alzheimer et autres troubles cognitifs

Collection
Institut universitaire de
gériatrie de Montréal

Québec

D[re] Marie-Jeanne Kergoat
D[re] Judith Latour
Karine Thorn, inf.

Devenir proche aidant

Maladie d'Alzheimer et autres troubles cognitifs

Éditions du CIUSSS
du Centre-Sud-de-l'Île-de-Montréal

Catalogage avant publication de Bibliothèque et Archives nationales du Québec et Bibliothèque et Archives Canada

Titre : Devenir proche aidant : maladie d'Alzheimer et autres troubles cognitifs / Marie-Jeanne Kergoat, Judith Latour, Karine Thorn.
Noms : Kergoat, Marie-Jeanne, auteur. | Latour, Judith, auteur. | Thorn, Karine, auteur.
Description : Mention de collection: Institut universitaire de gériatrie de Montréal | Comprend des références bibliographiques.
Identifiants: Canadiana (livre imprimé) 20200073877 | Canadiana (livre numérique) 20200073885 | ISBN 9782551265138 (couverture souple) | ISBN 9782551265145 (PDF) | ISBN 9782551265152 (EPUB)
Vedettes-matière : RVM: Maladie d'Alzheimer—Patients—Soins. | RVM : Relations aidants naturels-patients.
Classification: LCC RC523.K47 2020 | CDD 362.1/968311— dc23

Nous remercions et soulignons le soutien de la Fondation Institut de gériatrie de Montréal, qui a assumé les frais d'impression du premier tirage de ce livre, en lui remettant 1 $ pour chaque exemplaire vendu.

Photo de la couverture : AdobeStock

Conception graphique et réalisation : Nicole Tétreault

Diffusion et distribution : Prologue

Éditions du CIUSSS du Centre-Sud-de-l'Île-de-Montréal
Collection Institut universitaire de gériatrie de Montréal
4565, chemin Queen-Mary
Montréal (Québec) H3W 1W5
Téléphone : 514 340-2800

ISBN 978-2-551-26513-8 (papier)
ISBN 978-2-551-26514-5 (PDF)
ISBN 978-2-551-26515-2 (ePub)

Dépôt légal
Bibliothèque et Archives nationales du Québec, 2020
Bibliothèque et Archives Canada, 2020

Remerciements

En reconnaissance à nos parents qui nous ont inculqué de bonnes valeurs.

Merci à Francine Ducharme, docteure en soins infirmiers, pour avoir généreusement partagé avec nous le fruit de ses années de recherche sur les besoins des proches aidants.

Les auteures

Marie-Jeanne Kergoat, M.D., CCFP, FCFP, FRCPC

Marie-Jeanne Kergoat, médecin gériatre, est cheffe du Département de gériatrie du CIUSSS du Centre-Sud-de-l'Île-de-Montréal et du service de médecine spécialisée à l'Institut universitaire de gériatrie de Montréal (IUGM). Elle est également chercheuse au Centre de recherche de l'IUGM, professeure titulaire à la Faculté de médecine de l'Université de Montréal, directrice-fondatrice de la clinique de cognition de l'IUGM et directrice d'une communauté de pratique en soins gériatriques hospitaliers (RUSHGQ).

Judith Latour, M.D., FRCPC

Judith Latour, médecin gériatre, pratique au service de gériatrie du Centre hospitalier de l'Université de Montréal (CHUM). Elle est aussi professeure agrégée de clinique à la Faculté de médecine de l'Université de Montréal. En 1981, elle a été la première médecin québécoise à obtenir la certification de spécialiste en gériatrie délivrée par le Collège royal des médecins et chirurgiens du Canada.

Karine Thorn, inf., M. Sc.

Karine Thorn est infirmière clinicienne. Elle a pratiqué pendant 14 ans au sein de différentes équipes cliniques de l'IUGM, dont 7 ans à sa clinique de cognition. Elle est aujourd'hui professionnelle de recherche à la Chaire de recherche Marguerite-d'Youville d'interventions humanistes en soins infirmiers de l'Université de Montréal.

Avant-propos

Nos origines

Le Centre hospitalier Côte-des-Neiges a été inauguré à Montréal en 1978 afin de répondre aux changements démographiques qui modifieraient bientôt en profondeur le paysage sociosanitaire du Québec. Il était en effet inévitable que le vieillissement accéléré de la population s'accompagne d'une prévalence accrue de maladies d'évolution chronique. En raison de sa densité, la métropole montréalaise était particulièrement concernée. Il y a plus de 40 ans déjà, quelques hauts fonctionnaires, gestionnaires et cliniciens clairvoyants ont compris cette situation et saisi l'occasion offerte par la cession du Queen Mary Veterans Hospital au gouvernement provincial. Cet établissement fédéral jusque-là dédié aux anciens combattants a alors été converti en centre hospitalier universitaire voué à la gériatrie et à la gérontologie clinique, deux disciplines médicales et professionnelles qui s'intéressent à la santé et au bien-être des personnes âgées. Comme les premiers dirigeants du Centre hospitalier Côte-des-Neiges venaient de l'Hôtel-Dieu de Montréal, un centre de santé universitaire de grande renommée, un lien très étroit s'est aussitôt créé entre les deux institutions. Celles-ci poursuivent aujourd'hui leurs missions respectives sous de nouvelles appellations, soit, d'une part, l'Institut universitaire de gériatrie de Montréal* (IUGM) du CIUSSS du Centre-Sud-de-l'Île-de-Montréal et, d'autre part, le Centre hospitalier de l'Université de Montréal (CHUM). L'appellation « CHUM » vient de la fusion de l'Hôtel-Dieu de Montréal, de l'Hôpital Saint-Luc de Montréal et de l'Hôpital Notre-Dame de Montréal.

La clinique de cognition de l'IUGM a été fondée en 2000. Il s'agit de la première clinique externe de gériatrie spécialisée à avoir été créée dans le cadre de l'élaboration du centre ambulatoire de l'institution. La clinique de mémoire interdisciplinaire du CHUM actuel a quant à elle ouvert ses portes en 1995 à l'Hôpital Saint-Luc de Montréal. L'objectif était de répondre aux besoins d'une clientèle adulte de tous les âges. Ces cliniques constituent des lieux d'expertise pour l'évaluation diagnostique d'une plainte cognitive et l'initiation d'un traitement, le cas échéant, ainsi que pour le counselling et l'intervention tout au long de l'évolution des maladies liées à la cognition. De plus, en raison de l'affiliation de ces deux établissements à l'Université de Montréal, ces programmes cliniques spécialisés rassemblent des forces vives de cliniciens-enseignants qui s'emploient à former des étudiants et des professionnels de la santé aux pratiques exemplaires ainsi qu'à développer et diffuser des connaissances.

* Cet ouvrage contient quelques sigles et acronymes. Chaque terme est mentionné en entier à la première occurrence, puis de manière abrégée par la suite. Il est possible de consulter la liste des sigles et acronymes à la fin du livre en tout temps pour en revoir la signification.

Tables des matières

Introduction

Les personnes âgées de 65 ans et plus représentent près de 20 % de la population du Québec, leur nombre surpassant celui des 18 ans et moins. La maladie d'Alzheimer est une maladie neurologique qui touche majoritairement les personnes âgées, surtout les femmes (rapport de près de deux pour un). En chiffres, ce sont 10 % des 65 ans et plus et 35 % des 85 ans et plus qui en sont atteints. Plusieurs ouvrages de vulgarisation scientifique portant sur la maladie d'Alzheimer et les maladies apparentées sont offerts en librairie. Le but de notre ouvrage est de vous transmettre une information générale pertinente et vulgarisée tirée de nos expériences professionnelles combinées, soit celle de médecin gériatre pour Judith Latour et Marie-Jeanne Kergoat et celle d'infirmière clinicienne spécialisée en gériatrie pour Karine Thorn. Nous avons emprunté librement au discours des patients et des proches aidants partenaires, car, comme eux, notre souhait est de servir de porte-paroles et de partager avec vous, outre nos connaissances professionnelles, nos savoirs expérientiels. Ceux que nous avons acquis au fil du temps et des interactions avec les patients et leurs proches, ceux qui affirment : « Oui, je vis avec l'Alzheimer ! »

Nous avons voulu conserver le langage que nous utilisons dans nos bureaux de consultation afin de communiquer avec vous avec respect, humilité, clarté, honnêteté, compassion et... au présent.

Nous sommes convaincues que c'est en parlant de la maladie et en expliquant son impact sur le vécu de ceux qui en sont atteints ou qui en sont témoins que nous parviendrons à élever le niveau de conscience collective et à repousser la stigmatisation qui entoure ce type de maladies. Peut-on prétendre y trouver une dimension positive ? Assurément, car ces maladies nous poussent à mener une réflexion approfondie qui permet, d'une part, d'investir dans les recherches visant à élucider les mécanismes biologiques qui en sont à l'origine et à concevoir des traitements efficaces et, d'autre part, de déterminer le sens qu'il convient de leur donner dans un parcours de vie.

La grande longévité est le premier facteur de risque associé à l'émergence des maladies qui touchent la mémoire et les autres fonctions cérébrales. Dans sa forme sporadique*, soit celle associée à l'âge avancé (qui se distingue de la forme génétique* que l'on retrouve chez les adultes plus jeunes), la maladie d'Alzheimer est la plus fréquente d'entre elles. Les atteintes cognitives sont des problèmes de santé sérieux qui préoccupent les adultes, et plus particulièrement les plus de 65 ans. Ce sont des maladies qui ont de lourdes conséquences, tant pour la personne qui en est atteinte que pour son entourage. En présence de symptômes qui y sont associés, il est crucial de procéder à une évaluation diagnostique rigoureuse et précoce. Fort heureusement, l'expertise des professionnels de la santé dans le domaine ne cesse de s'améliorer. L'évolution des symptômes est beaucoup mieux connue qu'il y a quelques décennies, de même que les traitements pharmacologiques et les interventions psychologiques et comportementales qu'il convient de mettre en œuvre. Le processus clinique qui entoure l'approche, l'investigation, le traitement et l'accompagnement doit être individualisé. Il est donc essentiel d'établir un dialogue ouvert, bienveillant et continu entre le patient, les proches aidants et les professionnels.

* Les mots accompagnés d'un astérisque sont expliqués dans le glossaire, à la fin de l'ouvrage.

La vie avec une maladie neurodégénérative exige plusieurs adaptations, tant pour la personne qui en est atteinte que pour sa famille et son entourage. L'ajustement à tout changement étant exigeant et progressif, il est important que vous vous donniez du temps pour faire face à cette nouvelle réalité. Il faut, pour accompagner un proche atteint de la maladie d'Alzheimer, adapter sa réponse émotionnelle aux situations qui surgissent et disposer d'un réseau d'entraide sur lequel on peut s'appuyer. Ce livre a pour objectif de mieux vous outiller pour faire face à la maladie, car le bien-être de chacun, tant celui de la personne atteinte que le vôtre, dépend de votre capacité à vivre un jour à la fois.

Avec le vieillissement de la population, les maladies neurodégénératives* sont plus répandues qu'il y a quelques décennies. Les personnes qui nous consultent apparaissent nettement moins dépourvues et accablées qu'auparavant, aussi bien lors de l'annonce du diagnostic qu'au fil de l'évolution de la maladie. Certains nous disent que leur proche atteint est moins stressé et contrôlant, qu'il semble avoir lâché prise ou qu'il se montre plus affectueux qu'avant. Des membres de la famille se découvrent une nouvelle solidarité, se rapprochent les uns des autres pour partager les soins, maintenir la relation et assurer la sécurité de leur proche. D'autres trouvent en eux une force dont ils ne se savaient pas capables.

Ces maladies nous confrontent à nos valeurs humaines et nous mettent à l'épreuve dans notre identité. Ainsi, quelle que soit notre position (patient, aidant, ami, parent, voisin, professionnel, employeur, citoyen, décideur, etc.), nous nous demandons comment nous réagirions face à un tel diagnostic. Ferions-nous preuve de résilience ? D'égoïsme ? D'impatience ? Saurions-nous quoi faire, comment agir ? L'angoisse serait-elle trop forte ?

Nous espérons sincèrement que notre ouvrage, qui est conçu pour vous accompagner dans votre parcours d'aidant, saura contribuer à l'alléger.

Partie 1
Comprendre la maladie

1

Qu'est-ce qu'un trouble neurocognitif ?

Les professionnels de la santé qui prodiguent des soins et services doivent s'assurer de transmettre des informations compréhensibles aux patients et aux proches. Il se peut que leur jargon vous semble un peu obscur. En effet, la terminologie médicale est parfois difficile à déchiffrer. Cette section a pour objet de vous aider à bien comprendre la signification de certains termes utilisés dans ce livre et dans nos cliniques. Si un terme — ou son sigle — vous laisse perplexe, n'hésitez pas à consulter la liste des sigles et abréviations ou le glossaire qui se trouvent à la fin de l'ouvrage.

La cognition, explication simplifiée d'une réalité complexe

Pour mieux saisir ce qu'est la cognition, voyons ensemble quelques étapes de la croissance et du développement de l'être humain.

Le nouveau-né perçoit le monde qui l'entoure à travers les sens : le goût, le toucher, l'odorat, l'audition, la vision. Il mémorise ce qu'il perçoit (l'odeur de sa mère et la sensation de ses caresses, le goût du lait, les traits et les voix de ses parents), il développe ses capacités perceptivomotrices (voir, imiter des gestes et se déplacer pour atteindre un but) et il fait des gestes de plus en plus efficaces pour attraper des objets ou s'alimenter. Il communique (langage) en étant attentif aux sons et en babillant, et exprime ses sentiments par des cris, des pleurs, des sourires et des rires.

La capacité de se concentrer sur une tâche sans être distrait par ce qui se passe autour de soi s'améliore pendant la petite enfance. Le langage, la capacité de faire des gestes complexes (praxie*), comme lancer et recevoir un ballon ou s'habiller, ainsi que la compréhension de concepts abstraits comme les nombres, le poids et le volume se développent. L'enfant comprend mieux les conduites sociales, il décode les sentiments des autres et contrôle mieux les siens. Il développe de l'empathie et apprend à planifier des actions pour arriver à un but à travers le jeu. Ces acquis se développent à l'école, où il apprend aussi à lire, à écrire et à faire des opérations mathématiques. Il est capable de planifier des activités de plus en plus complexes (fonctions exécutives*), de mémoriser des connaissances et de les utiliser (mémoire sémantique* et apprentissage). En vieillissant, il comprend des concepts de plus en plus abstraits, développe des opinions et des stratégies, planifie l'avenir, continue de développer ses habiletés sociales et ses fonctions exécutives et fait de plus en plus de liens. On utilise le terme « fonctions cognitives » pour décrire l'ensemble de ces habiletés.

Les capacités cognitives se développent jusqu'à la mi-vingtaine. Il s'agit de l'intelligence dite « fluide ». Par la suite, la capacité à utiliser les compétences, les connaissances et l'expérience, soit l'intelligence cristallisée, peut continuer à se développer jusqu'à un âge très avancé. Plus les fonctions cognitives sont développées, plus la réserve cognitive* est grande au moment de l'émergence de la maladie d'Alzheimer.

Par ailleurs, il est pertinent de mentionner que les capacités des personnes atteintes de la maladie d'Alzheimer et de nombreux autres troubles neurocognitifs majeurs (TNCM) disparaîtront de manière rétrograde, c'est-à-dire dans le sens inverse de leur développement.

Cela explique que ces personnes aient d'abord de la difficulté à réaliser les tâches plus complexes (gestion des finances, conduite d'un véhicule, etc.). La capacité à réaliser les tâches plus simples, qu'elles exécutent depuis la petite enfance (alimentation, hygiène, mobilité, etc.) disparaît en dernier.

La réserve cognitive

Le cerveau est un organe malléable qui a le potentiel de s'adapter. Ainsi, en présence de conditions favorables, nous développons tous une réserve cognitive qui nous permet de mieux fonctionner et de développer nos capacités d'adaptation.

Plusieurs éléments contribuent au développement d'une réserve cognitive, notamment la scolarisation au début de la vie, la stimulation cognitive tout au long de la vie, l'activité physique régulière, les interactions sociales, l'alimentation saine, etc.

Avoir une réserve cognitive nous permettrait donc en quelque sorte de compenser les pertes dues à des lésions cérébrales (AVC, trauma crânien, maladies cognitives, etc.).

La plupart des chercheurs s'entendent ainsi pour dire que le développement et l'entretien d'une réserve cognitive pourraient protéger les individus contre les maladies neurocognitives en repoussant significativement leur apparition.

Tout le monde connaît les signes physiques du vieillissement : blanchissement des cheveux, apparition des rides, diminution de la force musculaire, etc. Les changements normalement attendus concernant le fonctionnement cérébral sont cependant moins connus du grand public. Ils diffèrent en fait d'un individu à l'autre. Ainsi, il est possible qu'une personne très âgée performe mieux dans certains domaines cognitifs qu'un individu en bonne santé de 40 ans. Voyons les divers changements cognitifs qui peuvent survenir avec l'âge.

Les changements cognitifs normaux liés au vieillissement

Le vieillissement cognitif s'accompagne de changements très lents qui n'ont pas de véritable impact dans l'accomplissement des activités de tous les jours. Ainsi, malgré ces changements, la personne demeure autonome au quotidien. Voici les altérations dites « normales » qui surviennent en l'absence de maladies physiques ou mentales :

- Un ralentissement de la vitesse de traitement de l'information, c'est-à-dire qu'on a besoin de plus de temps pour accomplir une tâche.
- Une diminution de la mémoire épisodique, c'est-à-dire la mémoire des informations qui sont personnelles à chaque individu (le repas pris au restaurant avant-hier ou le prix de l'addition, par exemple), ainsi que de la mémoire de travail*, qui permet de stocker des informations à très court terme (quelques secondes ou minutes) afin de les utiliser dans des opérations mentales (garder en tête le montant de l'addition tout en comptant les billets et les pièces pour payer ou encore retenir un numéro de téléphone pendant qu'on cherche un stylo dans une autre pièce).
- Un ralentissement du processus de récupération de l'information au moment voulu (retrouver le titre de la pièce de théâtre dont on nous a parlé hier) et une diminution de l'efficacité des stratégies de récupération, ce qui explique qu'on oublie les noms des personnes qu'on côtoie moins souvent et les titres de livres ou de films au

moment où on en a besoin... mais qu'ils reviennent lorsqu'un indice nous permet de retrouver l'information.

- Une diminution de la performance des fonctions exécutives et attentionnelles (organisation/planification, inhibition), c'est-à-dire résister aux distractions, s'adapter à la nouveauté, pondérer les situations et, finalement, analyser le tout. On peut par exemple oublier ce qu'on vient chercher dans une pièce, se laisser distraire par une revue, commencer la lecture d'un article, répondre au téléphone et retourner beaucoup plus tard à la tâche entreprise sans avoir récupéré l'objet qu'on était venu chercher. Il est aussi plus difficile de résister aux distractions lorsqu'on fait plusieurs choses à la fois.

Si elle est régulièrement utilisée, la mémoire sémantique, soit celle qui concerne les connaissances générales acquises au fil des ans par l'éducation et l'expérience, reste stable. La mémoire sensorielle (la réminiscence de l'arôme du café ou le bruit que fait la pluie qui tombe sur les vitres d'une fenêtre, par exemple), la mémoire musicale, la mémoire procédurale, c'est-à-dire celle du savoir-faire (monter à bicyclette, conduire une voiture, tricoter, etc.) ainsi que le langage et les connaissances culturelles restent préservés et peuvent continuer de s'enrichir.

Le déclin cognitif subjectif

Même si ces changements sont reconnus comme sans conséquence, la personne qui les subit peut avoir le sentiment que ses performances cognitives ont diminué et qu'elles sont moins bonnes que celles de ses amis du même âge. Elle peut s'inquiéter après avoir éprouvé de la difficulté à se retrouver dans des endroits familiers, avoir perdu la trame de sa série télévisée préférée ou avoir oublié un fait public fortement médiatisé lors d'une réunion familiale. Lorsque la diminution de la mémoire n'est pas confirmée par les tests cognitifs, on parle de déclin cognitif subjectif*. Il peut s'agir, dans certains cas, d'une transition vers un trouble neurocognitif léger.

Le trouble neurocognitif léger

On parle de trouble neurocognitif léger quand une personne présente des difficultés cognitives fréquentes, mais qui ne l'empêchent pas de réaliser les activités de la vie courante. Cet état clinique peut rester stable ou progresser vers un trouble neurocognitif majeur* (TNCM), qui est considéré comme une véritable maladie de la cognition. On estime que, chaque année, de 10 à 15 % des personnes présentant un trouble neurocognitif léger développent un TNCM. Les personnes ayant des symptômes liés à la mémoire, mais aussi à d'autres domaines cognitifs comme le langage (manque du mot) ou les fonctions exécutives (difficultés d'organisation) sont plus à risque de voir leur trouble progresser vers un TNCM. Les résultats aux tests d'évaluation cognitive sont alors légèrement anormaux.

Le trouble neurocognitif léger est traité à l'aide de thérapies de stimulation cognitive structurées et individualisées visant à contrecarrer les symptômes présentés. Toutes les personnes aux prises avec des symptômes cognitifs, surtout celles présentant des troubles légers de la cognition, devraient adopter de bonnes habitudes de vie : saine alimentation telle que préconisée par le guide alimentaire canadien, consommation nulle ou modérée de breuvages alcoolisés, activité physique régulière et de bonne intensité, socialisation, activités intellectuelles significatives, contrôle des facteurs de risque vasculaires (hypertension artérielle, taux de cholestérol, obésité, diabète, tabagisme, fibrillation auriculaire*, etc.), retrait des substances et des médicaments connus pour amoindrir la vivacité intellectuelle et la vigilance (anxiolytiques*, somnifères, drogues et stupéfiants). Ces interventions seront examinées en détail au chapitre 2.

Il peut parfois être difficile de distinguer les changements associés au vieillissement normal du trouble neurocognitif léger ou majeur. En effet, les individus appartenant à une même tranche d'âge peuvent présenter des capacités très différentes. Cela dépend de plusieurs facteurs comme le niveau d'éducation, la nature de l'emploi antérieur, les habitudes de vie, les maladies chroniques et la consommation de médicaments. De plus, il faut savoir qu'il existe plusieurs causes pouvant affecter les fonctions cognitives et que l'apparition de telles difficultés ne doit pas être automatiquement mise sur le compte de la maladie d'Alzheimer. En effet, la prise de certains médicaments, la consommation chronique et excessive d'alcool, la présence de dépression, d'anxiété ou de troubles du sommeil ou le déséquilibre métabolique ou hormonal figurent tous parmi les causes pouvant être à l'origine d'un déclin neurocognitif.

Il ne faut pas hésiter à exprimer ses doutes au médecin de famille ou à un autre professionnel de la santé avec qui un contact régulier est établi (pharmacien, infirmière). Depuis que le Plan ministériel sur les troubles neurocognitifs a été implanté dans les soins et services de première ligne, il y a quelques années, les médecins de famille et infirmières exerçant auprès de groupes de médecine de famille (GMF) ou de centres locaux de services communautaires (CLSC) sont mieux outillés pour dépister et gérer ces problèmes de santé. Le médecin de famille est dorénavant formé à évaluer les problèmes cognitifs et à poser des diagnostics. En présence de certains symptômes moins habituels ou d'une plus grande complexité clinique ou encore de l'effet combiné de plusieurs problèmes de santé, il peut également diriger le patient vers une clinique spécialisée de cognition/mémoire en neurologie ou en gériatrie.

En vieillissant, il arrive parfois que l'on présente des changements cognitifs plus importants que ceux associés au vieillissement normal, au déclin cognitif subjectif ou au trouble neurocognitif léger. Ainsi, quand les symptômes entravent la capacité d'une personne à fonctionner normalement au quotidien (préparer correctement un repas simple, retrouver son chemin dans des endroits moins connus, oublier des rendez-vous importants, chercher des mots courants pendant une conversation, etc.), on peut soupçonner la présence d'un TNCM.

Le diagnostic de trouble neurocognitif s'appuie sur l'évaluation des six fonctions cognitives suivantes : l'attention complexe* (concentration, répartition de l'attention entre deux activités simultanées), les fonctions exécutives (planifier, organiser, exécuter), la mémoire et l'apprentissage, le langage, les habiletés perceptivomotrices* et la cognition sociale*. Le court récit ci-dessous illustre ces six fonctions.

Histoire d'en parler...

Marc et Paul

Marc a planifié un déjeuner avec son vieil ami Paul, qui est passionné de politique. Marc a utilisé ses **fonctions exécutives** pour faire une réservation au restaurant, préparer ses vêtements et réserver un taxi pour se rendre au centre-ville. Le matin du rendez-vous, il s'est concentré sur certaines rubriques du journal afin de pouvoir en discuter avec son ami Paul. Il s'est installé dans son bureau pour ne pas se laisser distraire par sa conjointe **(attention)**.

Paul l'attendait au restaurant avec sa fille. Quand Marc est arrivé, Paul a mis quelques secondes à le reconnaître **(perception).** Cependant, après quelques échanges, tout est rentré dans l'ordre. Lors du repas, Paul s'est plaint d'oublier fréquemment des mots courants **(langage)** et d'avoir moins de mémoire pour les faits récents. Il a aussi confié à Marc qu'il avait demandé à sa fille de l'accompagner pour éviter de se perdre **(mémoire spatiale).** Marc l'a taquiné et lui a rappelé qu'il n'avait jamais eu le sens de l'orientation. Il a ajouté que, même s'il oubliait des mots, il en avait tellement dans la tête que ça ne s'épuiserait jamais. Des amis communs avaient dit à Marc que Paul souffrait d'un début de maladie d'Alzheimer. Les deux amis ont quand même parlé du référendum de 1980 et de leurs 400 coups de jeunesse. Paul a fini par dire que la politique d'aujourd'hui ne l'intéressait plus...

À la fin du repas, Paul a remercié Marc d'avoir organisé le rendez-vous et ajouté qu'il avait beaucoup aimé leurs échanges. Ayant toujours été gentleman dans l'âme, il a cédé le passage à une dame qui passait près de lui dans la salle à manger. Marc a alors constaté que, malgré ses atteintes cognitives, Paul n'avait pas perdu ses habitudes polies et cordiales **(cognition sociale).**

Les troubles neurocognitifs majeurs

Autrefois, le terme « sénilité » était souvent utilisé par les gens pour identifier une personne vieillissante qui semblait être « retombée en enfance ». Avec le temps et l'évolution des connaissances et de la sensibilité sociale, le terme est tombé en désuétude. Il a été jusqu'à tout récemment remplacé par celui de « démence », qui est aussi progressivement abandonné, même s'il s'agit d'un terme médical officiel qui désigne un ensemble de maladies provoquant une atteinte sévère du fonctionnement cognitif. Cet abandon s'explique par un glissement d'usage. En effet, comme le terme « démence » est également associé à un comportement erratique et violent, tant dans le langage littéraire que populaire, il confère à cet ensemble de maladies une connotation péjorative. Les groupes de défense et d'intérêt qui soutiennent les gens atteints de ce syndrome, et notamment les Sociétés Alzheimer, ont milité pour le retrait du terme « démence ». Il est maintenant recommandé d'utiliser le terme « trouble neurocognitif majeur », qui fait spécifiquement référence à une maladie neurologique atteignant les fonctions cognitives.

Il existe plusieurs types de troubles neurocognitifs majeurs (TNCM). Les plus fréquents sont la maladie d'Alzheimer (43 %), le trouble neurocognitif mixte (Alzheimer avec composante vasculaire, 25 %), le trouble neurocognitif vasculaire (15 %), la maladie à corps de Lewy (MCL, 5 à 15 %) et la dégénérescence lobaire frontotemporale (2 à 5 %).

La maladie d'Alzheimer : le plus fréquent des troubles neurocognitifs majeurs

La maladie d'Alzheimer est la plus courante des maladies cérébrales neurodégénératives. Elle se caractérise par l'accumulation anormale d'une substance (la protéine bêta-amyloïde*) qui a la propension de s'agglutiner autour des neurones (cellules du cerveau). Cette accumulation de bêta-amyloïde commence plusieurs années avant qu'on puisse détecter la maladie. On observe une production plus importante dans les formes familiales précoces (héréditaires) : le dépôt de la protéine peut ainsi débuter dès la trentaine.

Chez les individus de plus de 65 ans qui présentent la forme tardive et la plus fréquente de la maladie (forme sporadique), ce serait un défaut de « nettoyage » de l'amyloïde qui serait à l'origine de son accumulation. Les dépôts de cette protéine dans les deux formes de la maladie (forme précoce familiale et forme tardive sporadique) entraînent une réaction inflammatoire, une lutte cellulaire pour tenter de détruire ces amas toxiques (plaque sénile). Ces derniers joueraient un rôle dans la destruction des microtubules qui servent de voie de transport des nutriments à l'intérieur du neurone. Ils entraîneraient une modification de la protéine tau* qui compose les microtubules. Cette destruction des microtubules entraîne la mort du neurone (dégénérescence neurofibrillaire*). La dégénérescence neuronale à l'origine des déficits cognitifs se produit selon une séquence caractéristique. Les symptômes de l'Alzheimer apparaissent donc dans un ordre qui, sans être complètement prévisible, est typique de ce TNCM. Le phénomène affecterait particulièrement l'hippocampe*, une structure cérébrale qui constitue le siège de la mémoire à court terme.

Les stades léger, modéré et avancé de la maladie d'Alzheimer sont bien connus, mais il se peut que votre proche ne suive pas l'évolution classique et qu'il conserve relativement longtemps ses capacités fonctionnelles, relationnelles ou communicationnelles. Lorsque la maladie évolue très vite, on peut soupçonner l'existence d'une cause aggravante comme un accident vasculaire cérébral (AVC) ou une maladie aiguë très grave.

Chez les patients les plus âgés (80 ans et plus), le TNCM est souvent de nature mixte (vasculaire et Alzheimer) et on observe des dépôts d'autres types de protéines. Le tableau clinique de votre proche peut ainsi être différent de celui des autres.

Dans la forme légère du TNCM, les souvenirs anciens sont bien conservés, mais la mémoire récente est fragile. Votre proche s'inquiète de sa mémoire, il vous appelle à plusieurs reprises pour s'assurer que vous allez l'accompagner à un rendez-vous et vous retrouvez souvent des notes qu'il rédige pour pallier les oublis. Il a de plus en plus de difficulté à se concentrer pour suivre une conversation animée ou exécuter une tâche. Il peut vous raconter qu'un trajet en voiture a été plus compliqué que prévu ou qu'il s'est présenté à un rendez-vous le mauvais jour ou à la mauvaise heure. Les traits de caractère s'accentuent aussi : les colériques deviennent plus agressifs et les passifs ne participent plus. Le jugement est affecté et les personnes atteintes adoptent parfois des comportements qui peuvent surprendre.

Le TNCM est considéré comme modéré lorsque les activités de tous les jours et les contacts sociaux deviennent difficiles. La gestion financière doit être simplifiée et la préparation des repas, réduite à un minimum. L'hygiène est moins soignée et l'agencement des vêtements, moins heureux. En société, la conversation est laborieuse et les mots manquent. On observe une méconnaissance des évènements de l'actualité. Votre proche peut abandonner la lecture à cause d'une inattention et parce qu'il n'enregistre plus ce qu'il lit. Il arrête d'utiliser les appareils au maniement complexe. Sa désorientation dans l'espace vous oblige à l'accompagner en dehors d'un certain périmètre. Il vous demande à répétition l'heure et la date. Il ne comprend pas que vous soyez las de répéter, et peut devenir plus irritable et agir de façon inappropriée. Il vous faut vraiment faire diversion. (Cette stratégie sera abordée plus loin, au chapitre 6, à la page 106.) La chronologie des évènements n'est pas claire et il recompose le passé : un vieux conflit résolu peut refaire surface ou il peut reprendre une activité qu'il avait abandonnée il y a plusieurs années, par exemple. Il peut aussi devenir maladroit et marcher plus lentement et moins droit.

Au stade avancé du TNCM, votre proche ne peut plus vivre seul. Les informations ne sont pas nécessairement comprises et s'effacent au fur et à mesure. La personne reconnaît seulement les personnes très proches. Elle a un vocabulaire limité et ressasse les mêmes phrases. Elle adopte des comportements stéréotypés, par exemple ranger et déplacer des objets, arpenter un corridor, etc. Des idées délirantes et des hallucinations* peuvent apparaître. Les émotions sont moins bien contrôlées : la personne peut ainsi rire ou pleurer sans raison. Elle doit être accompagnée à la salle de bain et a besoin d'aide pour prendre une douche. L'alimentation doit être adaptée, car le maniement des ustensiles est difficile et qu'on ne peut pas nécessairement raisonner la personne sur ce qu'il est bon de manger. La marche peut devenir précaire à cause d'une moins bonne analyse de l'environnement.

Les autres troubles neurocognitifs majeurs

Votre proche a peut-être reçu un diagnostic pour un autre TNCM. En effet, comme nous l'avons mentionné précédemment, il existe d'autres TNCM, notamment la maladie d'origine vasculaire, la forme mixte qui combine la maladie d'Alzheimer et l'atteinte vasculaire cérébrale, la MCL et la dégénérescence frontotemporale. Voici certaines de leurs caractéristiques qui les distinguent de la maladie d'Alzheimer.

La maladie d'origine vasculaire

- Le cerveau est irrigué par des artères qui se ramifient jusque dans les profondeurs du cerveau. Lorsqu'il y a un blocage d'une artère de gros calibre ou une hémorragie (un AVC), le déficit apparaît en quelques minutes : on note alors une faiblesse ou une perte de force soudaine ; un engourdissement du visage, d'un bras ou d'une jambe ; une difficulté d'élocution ou de compréhension ou encore une confusion aiguë ; des problèmes de vision ou une perte d'équilibre. La personne est admise d'urgence à l'hôpital. Les troubles cognitifs qui persistent dans les trois mois sont appelés troubles neurocognitifs vasculaires après AVC.

- La rigidification et l'obstruction des vaisseaux de plus petit calibre conduisent à une réduction de l'apport sanguin dans des territoires profonds du cerveau. Ces lésions forment des lacunes (des cavités de petit calibre dans le sous-cortex, soit la portion profonde du cerveau). La personne devient plus lente et moins attentive. Elle enregistre moins bien ce qui se passe. Elle a des difficultés d'organisation et de planification (fonctions exécutives), marche plus lentement (trouble d'équilibre) et souffre souvent d'une urgence d'uriner avec ou sans incontinence*. Elle peut également avoir de la difficulté à articuler, à avaler ou à contrôler ses émotions (pleurs ou rires inappropriés). On parle alors d'une atteinte vasculaire sous-corticale.
- On parle de trouble cognitif majeur mixte quand la maladie a une présentation initiale lente et progressive qui ressemble à celle de la maladie d'Alzheimer, mais qu'à l'examen neuroradiologique *(scan)*, on observe également des lésions vasculaires qui, selon leur emplacement, engendreront des signes cliniques perceptibles à l'examen physique effectué par le médecin. Les symptômes vasculaires, c'est-à-dire le ralentissement de la pensée, la difficulté à retenir l'information apprise (surtout sans indices), la difficulté à gérer deux choses à la fois, la fatigabilité, la labilité émotionnelle*, les sautes d'humeur et une démarche moins assurée, viennent s'ajouter aux symptômes de la maladie d'Alzheimer.

La maladie à corps de Lewy

Cette maladie se développe à la suite de l'accumulation dans les neurones d'une protéine anormale appelée α-synucléine*. Il s'agit d'une protéine différente de celle qu'on retrouve dans la maladie d'Alzheimer, mais les lésions neuronales qui en résultent sont fort semblables. En début de maladie, la mémoire épisodique* est plutôt préservée. Les manifestations les plus courantes de la MCL sont les suivantes :

- Une fluctuation de l'état cognitif (la personne est confuse ou somnolente le matin, par exemple, et semble normale ou très énergique l'après-midi) qui s'accompagne d'une baisse de la capacité d'attention et de la vigilance (facilement distraite, ne semble pas écouter).
- Du parkinsonisme, soit la présence de symptômes qui évoquent la maladie de Parkinson (lenteur, rigidité, démarche instable avec chutes).
- Des hallucinations (souvent vivides, d'animaux ou d'enfants ; elles sont détaillées et souvent récurrentes, mais peu menaçantes) à un stade précoce de la maladie.
- Des troubles du sommeil paradoxal* avec des nuits agitées (la personne « vit » ses rêves… au grand désespoir de son ou sa partenaire de lit) et une somnolence diurne excessive.

L'évolution de la MCL est plus rapide que celle de la maladie d'Alzheimer. La MCL présente par ailleurs des signes et des symptômes communs avec la maladie de Parkinson. Celle-ci s'accompagne aussi de déficits cognitifs, mais contrairement à ce qui se passe dans le cas de la maladie de Parkinson, les troubles cognitifs précèdent les signes physiques de rigidité et de lenteur ainsi que les troubles de l'équilibre et de la marche ou surviennent en même temps.

Au chapitre 8, nous décrivons une situation clinique illustrant cette maladie (à la page 148).

Les dégénérescences frontotemporales

Les symptômes apparaissent généralement à un âge plus précoce (entre 50 et 65 ans) que ceux de la maladie d'Alzheimer. Au départ, ces maladies se manifestent par des changements dans le comportement ou le langage. Dans la sphère du comportement (la « cognition sociale »), la personne peut paraître impulsive (réagir sans réfléchir) ou être désinhibée (ne plus contrôler ses paroles ou ses gestes, qui peuvent parfois être offensants pour les autres). Elle peut être apathique* et ne rien faire de la journée. En outre, les personnes atteintes manquent souvent de sympathie et d'empathie envers les autres.

La personne qui vit avec cette maladie peut aussi répéter des gestes de façon compulsive (faire les cent pas dans une pièce, se frotter les bras ou les cuisses de façon répétitive) ou modifier ses habitudes alimentaires (manger avec gloutonnerie, porter des objets non comestibles à sa bouche). La personne qui présente des atteintes au niveau du langage peut avoir beaucoup de difficulté à s'expliquer et à trouver les bons mots (accès lexical) ou avoir tendance à modifier les mots (néologismes*, paraphasies*). La communication peut devenir très difficile. La personne peut aussi répéter ce que les autres disent ou avoir de la difficulté à comprendre des phrases simples. Nous présentons une illustration clinique de cette forme de TNCM au chapitre 8 (à la page 143).

Agnosie et anosognosie

L'agnosie* et l'anosognosie* sont deux comportements fréquemment rencontrés chez les personnes atteintes de TNCM.

Imaginez...

Les « lunettes Alzheimer »

Imaginez que votre proche est en train de verser dans un verre le peroxyde que vous avez oublié sur le comptoir. Lorsque vous lui demandez ce qu'il fait, il répond qu'il se verse un verre d'eau gazeuse. C'est en effet ce que son cerveau perçoit et lui renvoie comme information. Dans sa tête, il a raison, mais son cerveau lui joue des tours et ses « lunettes Alzheimer » lui font voir de l'eau gazeuse. Déstabilisant, n'est-ce pas ?

L'agnosie consiste à avoir une perception fausse d'un objet (eau gazeuse/peroxyde) ou, éventuellement, de l'environnement (vouloir partir, faire sa valise parce qu'on croit être à l'hôtel plutôt que chez soi) ou d'une personne (considérer sa conjointe comme une étrangère). Elle est causée par des lésions dans des zones particulières du cerveau. La personne atteinte n'y peut rien.

Un symptôme fréquent des TNCM, qui est par ailleurs l'un des moins bien connus, est de ne pas se rendre compte qu'on en est atteint. Le terme médical pour décrire ce phénomène est l'anosognosie. Il est tellement typique que sa présence facilite la confirmation du diagnostic. Ainsi, les lésions cérébrales affectent la capacité d'autocritique de la personne atteinte, c'est-à-dire sa capacité à se percevoir telle qu'elle est réellement. C'est un peu comme si la maladie modifiait la perception de la personne. L'entourage a souvent l'impression que celle-ci « fait du déni » face à ses difficultés ou qu'elle « fait exprès » ou « refuse de voir ou de dire la vérité ». En réalité, elle n'est tout simplement pas capable de voir la réalité en raison de l'effet « lunettes Alzheimer »...

Même si vous connaissez l'existence du phénomène de l'anosognosie, il se peut que vous ayez de la difficulté à faire preuve de patience avec votre proche lorsque ce dernier devient irritable et tient des propos agressifs. Vous pouvez imaginer que le clinicien doit lui aussi manifester beaucoup de tact pour traiter et soutenir cette personne et accompagner son aidant. Vous devrez être indulgent envers vous-même et vous donner du temps pour intégrer cette notion et la faire comprendre à votre entourage.

Il est important de bien connaître les manifestations et les symptômes associés aux troubles neurocognitifs afin de ne pas entretenir de mauvais sentiments face à votre proche ou lui prêter de fausses intentions, ce qui ne peut qu'entraîner inquiétude, colère ou frustration de part et d'autre. Au chapitre 6 (voir la page 103), nous verrons entre autres que l'attitude de confrontation est nuisible.

Dès qu'un diagnostic de TNCM est établi, il faut vous préparer et développer un réseau d'entraide qui prendra progressivement plus de place dans votre quotidien. Il est important de mettre l'accent sur la qualité des interactions entre l'aidant et l'aidé et de veiller à ce qu'elles soient les plus harmonieuses possible. Il faut, pour ce faire, que le proche aidant ait une bonne compréhension des symptômes de la maladie et de ses manifestations ainsi que de leur progression et de leurs impacts. Il est important de valoriser les capacités de la personne atteinte afin de maintenir le plus longtemps possible son autonomie, son bien-être et son estime de soi. Cela fait en sorte de soutenir sa dignité. Quand les capacités décisionnelles commencent à être affectées par la détérioration des fonctions cognitives, il faut envisager des mesures assurant la sécurité et la compensation des pertes fonctionnelles en discutant avec les membres de l'entourage et du réseau. Nous reviendrons plus tard sur ces aspects.

Et à la fin, qu'est-ce que j'en retiens ?

- ✓ Il est recommandé de développer sa réserve cognitive afin de diminuer les probabilités de présenter des troubles neurocognitifs ou de retarder l'apparition des symptômes.
- ✓ Il est possible de présenter des troubles neurocognitifs subjectifs ou légers sans qu'une maladie dégénérative en soit la cause.
- ✓ La maladie d'Alzheimer peut se manifester différemment d'une personne à l'autre, ce qui fait que chaque personne atteinte peut présenter des symptômes prédominants différents.
- ✓ Il s'agit de maladies neurologiques.
- ✓ Les hallucinations, les fluctuations fréquentes de l'état cognitif, les changements comportementaux importants et les changements soudains sur le plan cognitif sont des symptômes qu'il convient de rapporter rapidement, car ils sont souvent annonciateurs d'une maladie cognitive différente de la maladie d'Alzheimer.
- ✓ Si votre proche ne semble pas être conscient de ses oublis, rappelez-vous que ce n'est ni sa faute ni du déni de sa part. Sa maladie l'empêche en effet de prendre conscience de ses difficultés et modifie sa perception.

2

Mieux cheminer avec la maladie

Ralentir l'évolution des troubles neurocognitifs

Comme nous l'avons mentionné dans le chapitre précédent, la forme sporadique de la maladie d'Alzheimer est celle qui est associée à l'âge avancé. On la désigne ainsi pour la distinguer des formes génétiques familiales beaucoup plus rares qui surviennent chez les adultes plus jeunes. Il s'agit d'une maladie chronique dégénérative qui, en règle générale, progresse lentement et sur plusieurs années. On sait maintenant que les premières lésions cérébrales de la maladie d'Alzheimer apparaissent entre 15 et 20 ans avant les premiers symptômes cliniques.

La majorité des études s'accordent sur le fait que la maladie d'Alzheimer diminue l'espérance de vie. De l'apparition initiale des symptômes jusqu'au stade terminal de la maladie, l'espérance de vie est généralement de 8 à 12 ans pour une personne diagnostiquée à 65 ans et de 3 à 4 ans pour une personne diagnostiquée à 90 ans. La plupart des autres troubles neurocognitifs dégénératifs majeurs ont une évolution plus courte. Outre l'âge de l'apparition des premiers symptômes perceptibles, plusieurs facteurs permettent d'expliquer ces variations. L'état de santé général est notamment influencé par les autres maladies présentes, en particulier les autres pathologies cérébrales associées, comme les AVC, mais aussi les maladies cardio-pulmonaires graves. La diminution du débit sanguin dans le corps et le cerveau affecte en effet la bonne oxygénation des tissus et, par conséquent, leur bon fonctionnement.

La maladie se caractérise par une atteinte progressive : l'évolution se fait plutôt doucement et non pas du jour au lendemain. Les changements soudains ou abrupts peuvent ainsi indiquer l'apparition d'une complication. Nous aborderons ce sujet plus en détail dans la section du chapitre 4 portant sur le délirium* (à la page 78).

Cette évolution progressive permet à la personne atteinte et à son entourage de s'adapter aux changements et de faire preuve de prévoyance. Au départ, il est aussi possible d'opposer une certaine résistance afin de repousser le plus longtemps possible le déclin associé à la maladie. Une phase de trouble neurocognitif léger précède en effet toujours la maladie d'Alzheimer (mais un trouble neurocognitif léger n'annonce pas toujours l'apparition de la maladie d'Alzheimer).

À ce stade, on peut intervenir dans trois domaines pour ralentir l'évolution de la maladie : la stimulation cognitive, les habitudes de vie et la médication.

La stimulation cognitive

L'adage selon lequel tout organe qui n'est pas régulièrement utilisé finit par s'atrophier *(Use it or lose it)* s'applique aussi au cerveau. À l'inverse, il ne faut pas non plus s'acharner à réactiver une fonction perdue une fois la maladie installée.

Il faut ainsi veiller à offrir une stimulation cognitive régulière et adaptée aux capacités de la personne afin de préserver la réserve cognitive (voir le chapitre 1, à la page 25) et repousser l'installation de la maladie. On reconnaît que l'intelligence cristallisée, soit la capacité de s'appuyer sur son expérience (reconnaissance des émotions) et ses compétences (compréhension du vocabulaire, gestion du stress) afin d'accroître ses connaissances, augmente avec l'âge et peut rester stable jusque tard dans la vie.

La plasticité cognitive, soit le processus stimulant la production de nouveaux neurones (neurogenèse) et permettant l'acquisition de nouveaux apprentissages, peut être améliorée, même chez les personnes âgées. L'effort à fournir est cependant beaucoup plus grand que pour les personnes plus jeunes.

On recommande donc de pratiquer des activités :

- **Variées** (si on ne fait que des mots croisés, on va demeurer très bon... dans les mots croisés !). Ce type d'activité doit mettre à profit diverses fonctions cognitives (attention, exécution simultanée de plusieurs tâches, répétition permettant de mieux retenir l'information, etc.) ;
- **Adaptées** aux capacités de la personne (ni trop faciles, ni trop difficiles) ;
- **Stimulantes** (il faut privilégier les activités qui rejoignent les intérêts de la personne, car nous retenons plus facilement ce pour quoi nous avons un intérêt).

On peut par exemple encourager la personne à faire des mots croisés, discuter des faits de l'actualité, faire des lectures dirigées, regarder des albums photos et parler de ses souvenirs, faire des jeux à l'ordinateur, jouer à des jeux de société ou à des jeux de type « trouvez l'erreur », etc. Il existe aussi sur le marché de nombreux logiciels de stimulation cognitive, mais il faut savoir que ceux-ci ne donnent pas de meilleurs résultats que les autres activités énumérées ci-dessus.

Au début de la maladie, il est recommandé de maintenir un certain niveau de stimulation des fonctions cognitives. Il existe ainsi, dans plusieurs arrondissements, quartiers et villes, des centres communautaires pour aînés et des centres de jour qui offrent des programmes d'animation. Ces programmes visent à offrir une stimulation cognitive et physique et à briser l'isolement social des personnes âgées. Celles-ci peuvent se retrouver une à deux fois par semaine pour des activités thérapeutiques de groupe. Le transport est souvent fourni pour l'aller et le retour à la maison, ainsi que le repas du midi, et ce, à un coût abordable. Des activités adaptées sont planifiées et organisées tout au long de la journée par des intervenants compétents. Il suffit qu'un professionnel de la santé fasse une demande pour vous auprès du CLSC de votre territoire. Informez-vous auprès de votre CLSC, qui vous dirigera vers les ressources communautaires les plus susceptibles de répondre à vos besoins.

La plupart des Sociétés Alzheimer offrent aussi maintenant un service de stimulation à domicile. Un intervenant se déplace au domicile de votre proche pour lui offrir des activités de stimulation adaptées. Chaque séance dure entre deux et quatre heures. Les coûts, souvent raisonnables, sont par ailleurs déterminés selon le revenu individuel. Plusieurs Sociétés Alzheimer offrent également un centre de jour, aussi appelé centre d'activités, où votre proche peut passer quelques heures et bénéficier de l'encadrement d'un personnel qualifié. Informez-vous auprès de la Société Alzheimer de votre région.

Il est très important de mettre l'accent sur ce que la personne est encore capable de faire plutôt que sur ce qu'elle n'est plus en mesure de faire. En effet, la maladie étant appelée à progresser, il ne sert à rien de lui rappeler qu'elle ne peut plus se faire un café seule ou qu'elle n'est plus en mesure de conduire sa voiture. Il vaut mieux souligner les capacités de votre proche et, ainsi, lui permettre de se sentir utile et valorisé.

Imaginez...

Des capacités à souligner

Imaginez que vous êtes en préretraite. Vous avez déjà confié à un collègue vos dossiers les plus intéressants et on vous consulte de moins en moins. Un matin, on vous dit que vous resterez dans votre bureau à l'avenir et qu'on vous appellera au besoin. Comment vous sentiriez-vous après quelques jours à ne rien faire ? Inutile ? Mis de côté ? Votre estime personnelle pourrait en prendre un coup. Heureusement, un collègue vous demande de l'aider dans un dossier portant sur une thématique dans laquelle vous excellez. Vous vous acquittez donc de cette tâche à votre rythme et à votre façon. Vous vous sentez désormais inclus, considéré, utile. De bien meilleurs sentiments !

Avec le temps, vous verrez qu'il y a des bonnes et des moins bonnes journées. Cela est normal et attendu. Lors des « bonnes journées », votre proche vous semblera stable et plus alerte. Lors des « moins bonnes journées », il aura plus de difficulté à réaliser certaines activités et vous devrez peut-être intervenir pour l'aider ou pour cesser l'activité. Au fil du temps, il faudra graduellement ajuster la complexité et la durée des activités pour ne pas épuiser votre proche ou l'exposer trop fréquemment à des situations d'échec. Cela n'est pas toujours facile à jauger, mais vous y arriverez en faisant appel à votre créativité et à votre patience.

Les habitudes de vie : l'activité physique, l'alimentation, les interactions sociales

L'activité physique

L'activité physique a de nombreux bienfaits, tant sur la santé physique que sur la santé cérébrale et psychologique. Elle peut donc être bénéfique pour les personnes atteintes de troubles cognitifs.

L'activité physique englobe les loisirs, les déplacements non motorisés, la pratique d'un sport ou d'exercices planifiés et les tâches effectuées dans le contexte de la vie de tous les jours, avec la famille ou la communauté. Avec le temps, toutefois, il faut avouer que nous sommes devenus moins actifs. En effet, en 2015, l'*Enquête québécoise sur la santé de la population* indiquait que seulement 52 % des plus de 15 ans atteignaient le niveau d'activité recommandé. Chez les 65 ans et plus, ce chiffre était de 30 %.

D'après les *Directives canadiennes en matière d'activité physique,* les Canadiens âgés de 65 ans et plus devraient faire 150 minutes d'activité physique d'intensité modérée à élevée par semaine, à raison d'au moins 10 minutes à la fois. Des exercices de renforcement musculaire faisant intervenir les principaux groupes musculaires (bras et jambes) devraient être pratiqués deux jours par semaine. Pour les personnes ayant une mobilité réduite, une activité visant le maintien de l'équilibre et la prévention des chutes devrait être effectuée trois fois par semaine. Chez les aînés, l'activité physique vise à améliorer l'endurance cardiorespiratoire, à entretenir la masse musculaire et osseuse, à limiter les répercussions des changements associés au vieillissement et à la sédentarité, à prévenir les incapacités et à maintenir l'autonomie pour accomplir les activités de tous les jours qui demandent de l'équilibre, de la flexibilité, de la force et de l'endurance (transferts, déplacements).

La Société Alzheimer promeut également l'activité physique dans son texte *Soyez physiquement actif.* On y indique que l'activité physique favorise la circulation du sang au cerveau, contribue à la formation de nouvelles cellules, réduit le stress et améliore l'humeur.

Évidemment, le choix et l'intensité de l'activité physique dépendent d'abord des habitudes de vie de votre proche. S'il était sportif, il faut essayer de maintenir l'activité habituelle en proposant des adaptations qui prennent en compte les symptômes cognitifs de la maladie. Comme la mémoire procédurale est longtemps préservée, un joueur de golf, de tennis, un fondeur (ski de fond) ou un cycliste gardera longtemps les mouvements propres à ces sports, mais il devra progressivement être accompagné. Le sport ne sera plus axé sur la compétition, mais sur l'activité en soi et sur le plaisir de la réaliser. Les partenaires devront être informés des changements et veiller sur la personne atteinte. De la même façon, la marche peut être pratiquée longtemps de façon plus ou moins intense et dans divers contextes.

Les activités physiques doivent être adaptées aux capacités et aux limites de chacun. Certains centres communautaires et centres de jour offrent des activités physiques axées sur le groupe et le jeu : danse sociale, danse en ligne, jardinage, aquaforme, exercices d'étirements ou de flexibilité, etc.

Dans les stades modérés de la maladie, la personne doit sortir marcher à l'extérieur (sur le trottoir, dans un parc ou un centre commercial) pendant 15 à 40 minutes au moins trois fois par semaine. Elle doit être accompagnée.

Il est conseillé de faire régulièrement des exercices physiques adaptés à ses capacités et de les combiner aux activités de tous les jours.

Avantages pour la personne atteinte d'un trouble neurocognitif léger ou de la maladie d'Alzheimer

- La personne qui reste active physiquement et mentalement peut penser à autre chose qu'à sa maladie, ce qui peut l'aider à se concentrer sur les aspects positifs et agréables de la vie.
- Les activités simples de la vie quotidienne peuvent aider la personne à se sentir mieux dans sa peau en structurant sa journée et en lui donnant un sentiment d'accomplissement.
- Il peut être agréable pour la personne de faire de l'exercice avec un proche et, ainsi, de partager une activité.
- L'exercice permet d'augmenter naturellement la production d'endorphines, qui procurent une sensation de bien-être, de détente et de relaxation.
- L'exercice aide également à ouvrir l'appétit et à redonner de l'énergie, en plus de favoriser le sommeil.

- L'exercice peut contribuer à maintenir une bonne masse corporelle (musculaire et osseuse), à développer le sens de l'équilibre et à réduire les risques vasculaires (athérosclérose, hypertension, diabète).

AVANTAGES POUR LA FAMILLE ET LES AIDANTS

- L'ennui et la frustration sont les deux causes les plus fréquentes des comportements difficiles parfois observés chez les personnes atteintes de la maladie d'Alzheimer ou d'une maladie apparentée. Si la personne est occupée et qu'elle s'intéresse à ce qu'elle fait, elle a moins tendance à adopter des comportements difficiles.
- Les activités que vous pratiquez avec votre proche vous permettent de vous rapprocher et d'entretenir la relation.
- Il peut être très gratifiant de découvrir de nouveaux moyens de stimuler l'intérêt de la personne atteinte de la maladie d'Alzheimer. Cela pourrait vous amener à concevoir différemment votre rôle d'aidant.

L'alcool et la drogue

L'alcool a un effet toxique direct sur les cellules neuronales et occasionne une baisse de la vigilance. La consommation d'alcool, même modérée, n'est pas recommandée chez les personnes atteintes de troubles cognitifs. Ainsi, en présence d'un trouble neurocognitif léger ou majeur, il faut cesser ou diminuer considérablement la consommation d'alcool. Depuis octobre 2018, la consommation de cannabis (communément appelé « marijuana ») à des fins récréatives est légale au Canada. La plante contient des composés chimiques appelés cannabinoïdes, dont le plus connu est le tétrahydrocannabinol (THC), le principal responsable des effets psychoactifs de cette drogue (euphorie, etc.). D'après certains essais cliniques, la marijuana pourrait aider à gérer certains symptômes des TNCM, comme l'agitation ou l'agressivité. Des recherches supplémentaires sont cependant nécessaires pour déterminer avec plus de précision les effets à long terme de cette plante sur le cerveau. En effet, certaines études ont démontré qu'une consommation de cannabis à long terme pouvait être associée à davantage de problèmes de mémoire. Ainsi, il n'existe actuellement aucune preuve de l'utilité de la marijuana dans le traitement ou la prévention de la maladie d'Alzheimer. Si votre proche souhaite consommer du cannabis, nous vous recommandons d'en parler à l'équipe de professionnels de la santé qui assure son suivi.

L'alimentation

Il faut aussi intervenir pour réduire les facteurs de risque nutritionnels qui, en raison de leur effet sur la vascularisation cérébrale, contribuent à la maladie cardiovasculaire. Il faut notamment veiller à contrôler le surpoids (diminution des portions alimentaires et de la consommation d'aliments riches en gras polyinsaturés, augmentation de la consommation de fruits, de légumes, de grains et de poissons gras), à prévenir le diabète (contrôle du poids, modération de la consommation des sucres simples, soit le sucre de table, le miel, le sirop, les bonbons, etc.) et à réduire l'apport en sel afin d'assurer un meilleur contrôle de l'hypertension artérielle (diminution de la consommation d'aliments ultratransformés comme les charcuteries, les pains à farine blanche, les céréales sucrées, les pizzas, les soupes en conserve, les vinaigrettes et les sauces).

Il est reconnu que le grand âge est associé à un risque de dénutrition* lié à une perte de masse musculaire, à une plus grande sédentarité, à une satiété précoce ainsi qu'à la perte d'appétit causée par les maladies et les médicaments. Les aliments consommés doivent donc être nutritifs : chaque bouchée doit représenter un bon apport en protéines, vitamines, minéraux et énergie. Il faut idéalement dire adieu aux calories vides qu'on retrouve par exemple dans les boissons gazeuses, les croustilles, les pâtisseries et biscuits commerciaux et le pain blanc tranché.

Voyons maintenant comment la maladie d'Alzheimer accentue le risque de dénutrition. Comme nous l'avons mentionné précédemment, les stades cliniques de la maladie indiquent la progression des lésions cérébrales. Les symptômes prédisposent par ailleurs à la dénutrition (réduction de la qualité alimentaire, perte d'appétit et perte de poids) en minant progressivement l'autonomie décisionnelle et fonctionnelle de la personne atteinte. Puisque la mémoire est la première fonction touchée, il faut, dès les premiers stades, veiller à ce que la personne s'alimente bien et suffisamment. Il faut la peser chaque semaine et intervenir si on constate une perte de poids de plus de 0,5 kg. Dans sa présentation classique, la maladie commence le plus souvent avec des pertes de mémoire (accompagnées d'une désorientation dans le temps), des difficultés de dénomination (trouver le mot juste), des problèmes d'organisation (qui ont un impact sur la capacité de la personne de bien accomplir les tâches complexes de la vie courante comme la gestion des finances, la préparation des repas et les courses) et des symptômes psychologiques de type anxiodépressif. Ainsi, au début, la personne peut ne plus être en mesure de planifier l'achat de la nourriture, avoir tendance à conserver des aliments périmés dans le réfrigérateur, oublier ses recettes ou ne plus savoir préparer ou cuire les aliments. Elle peut sauter des repas, car elle est désorientée dans le temps. Prenant conscience qu'elle n'a plus entièrement le contrôle de sa personne et anticipant la progression de la maladie, elle peut vivre de l'anxiété et présenter des troubles de l'attention et des symptômes de dépression, notamment une perte d'appétit. Les médicaments prescrits pour ralentir la maladie, dont nous parlerons plus loin, peuvent entraîner une perte d'appétit ou causer des nausées ou des diarrhées. Il faut être attentif à l'apparition de ces effets secondaires, qui sont surtout présents au début du traitement, et veiller à prévenir l'infirmière ou le médecin responsable du suivi.

Avec le temps, les capacités de jugement de la personne deviennent déficitaires et elle n'est plus en mesure de se rendre compte qu'elle a modifié ou réduit son alimentation. Il se peut aussi qu'elle soit réticente à accepter l'aide des autres, n'en voyant pas la nécessité (il s'agit d'une manifestation de l'anosognosie, dont nous avons parlé au chapitre 1, à la page 37).

Ces symptômes s'accompagnent de changements progressifs. La personne a dès lors besoin d'aide pour les soins de base (hygiène, habillage, continence, choix des aliments, etc.). Aux stades plus tardifs viennent s'ajouter des problèmes psychocomportementaux (hallucinations, irritabilité, agitation, aversion alimentaire, etc.) et moteurs (incontinence, difficulté à s'alimenter seul, etc.). Il se peut que la personne soit incapable de s'alimenter ou de se servir des ustensiles (apraxie*) ou qu'elle développe des troubles de coordination motrice. La maladie peut aussi entraîner une hyperactivité motrice avec déambulation excessive, agitation et perturbation du sommeil. La personne présente alors une dépense énergétique excessive qui n'est pas compensée par une prise alimentaire suffisante et elle perd du poids. Elle peut aussi avoir une vision distordue de la réalité, faire preuve de méfiance envers autrui, s'opposer et refuser de s'alimenter. Les proches peuvent ne plus être reconnus comme tels et être considérés comme une menace. Au stade terminal, la personne peut présenter des problèmes de mastication et de déglutition, voire ne plus être en mesure de distinguer les aliments comestibles des autres objets. Les difficultés à avaler des liquides ou des aliments (dysphagie*) sont en effet très fréquentes aux stades tardifs de la maladie.

Comment intervenir ?

Il est suggéré d'intervenir précocement pour prévenir la détérioration de l'apport alimentaire et ses conséquences. Il faut insister sur la valeur nutritive et énergétique des aliments. Le repas doit être nutritif, car chaque bouchée compte. Il s'agit de miser sur les préférences de la personne tout en lui offrant une alimentation équilibrée. Si la personne a un faible appétit, on peut préparer de plus petits repas et ajouter des collations ou des suppléments oraux commerciaux (les formules liquides sont plus facilement absorbées, mais il existe aussi des poudres de lait ou d'autres protéines qu'on peut ajouter aux soupes, des crèmes enrichies, des barres protéinées, etc.).

Il faut également maximiser la prise alimentaire au moment où la vigilance est la meilleure, habituellement le matin et le midi. En effet, les personnes atteintes de la maladie d'Alzheimer souffrent souvent d'un syndrome crépusculaire*, soit une agitation et un inconfort s'installant en fin de journée, au moment où la lumière du jour décroît.

Comme nous l'avons déjà mentionné, les médicaments prescrits pour atténuer les symptômes cognitifs associés à la maladie causent, chez environ 10 % des personnes qui les prennent, des intolérances digestives qui se manifestent par des nausées, des vomissements ou des diarrhées. Veillez à rapporter ces effets secondaires à l'infirmière et au médecin qui suivent votre proche.

Aux stades modérés à sévères de la maladie, l'apraxie, les dysfonctions exécutives* et l'agnosie (trouble de la reconnaissance des objets) rendent la prise alimentaire plus difficile. Il est alors suggéré d'offrir des aliments pouvant être mangés avec les mains. Il est par ailleurs recommandé de servir les plats un à la fois pour éviter les distractions et de présenter la nourriture dans une vaisselle sans motif, adaptée aux incapacités (tasse avec bec, assiette avec rebord). Les aliments doivent être visibles et prêts à être mangés. Il faut éliminer le surplus d'ustensiles et assurer la sécurité de la personne, par exemple en vérifiant qu'elle est toujours en position assise, le dos redressé, en lui offrant des petites bouchées, en surveillant la température des aliments et en veillant à ce qu'elle n'ait plus de nourriture dans la bouche à la fin du repas. Il faut lui donner suffisamment de temps pour manger et l'encourager avec des paroles et des gestes.

Des troubles de la déglutition peuvent être suspectés lorsque la personne recrache certains aliments ayant une texture complexe (fruit avec pelure, pain avec graines, etc.), qu'elle se met à tousser en mangeant, qu'elle a une voix humide après la prise d'aliments ou qu'elle développe une pneumonie liée à une aspiration d'aliments. On peut également observer des roulements prolongés ou l'accumulation de nourriture dans la bouche après le repas.

La prise des repas doit se faire dans un lieu calme. Il est important de réduire les possibilités de distraction et de veiller au bon positionnement de la personne. Il faut aussi adapter la texture et la consistance de la nourriture pour faciliter la déglutition et séparer la prise des liquides et des solides. On doit aussi rappeler fréquemment à la personne de bien mâcher et d'avaler. Il faut lui offrir de petites bouchées et la laisser finir sa bouchée avant de lui en donner une autre. Finalement, il faut assurer de bons soins d'hygiène dentaire et buccale. Le refus alimentaire, généralement observé au stade avancé de la maladie, annonce la fin prochaine de vie.

Les interactions sociales

De nombreux ouvrages témoignent de l'importance de maintenir la communication et les échanges sociaux pour prévenir l'aggravation des troubles neurocognitifs légers et optimiser la qualité de vie des personnes qui vivent avec des troubles cognitifs dégénératifs majeurs. En effet, la préservation des liens sociaux permettrait non seulement de favoriser le maintien d'une vie active et bien remplie, mais aussi de ralentir le rythme de la perte neuronale et, de ce fait, la progression de la maladie. On sait aussi que les interactions sociales sont des leviers significatifs qui permettent à la personne atteinte d'éprouver un sentiment d'appartenance et d'utilité, deux sentiments importants pour l'être humain.

Au stade léger de la maladie, votre proche peut avoir tendance à se retirer des activités sociales qu'il pratiquait. Il faut essayer de comprendre la raison de ce retrait. Est-ce trop exigeant (le bridge, par exemple, ou une activité de bénévolat complexe) ? Est-il démotivé par une dépression ou est-il simplement apathique (voir le chapitre 8, à la page 135) ? Craint-il la réaction des autres face à ses difficultés de mémoire ou de langage ? On peut alors s'adapter en simplifiant l'activité ou le jeu. Il est bon de discuter avec les membres de l'entourage afin de les encourager à éviter des questions pointues qui font appel à la mémoire récente. Il faut aussi éviter d'entreprendre des activités complexes sans une surveillance rapprochée, en voyage par exemple. Il est important d'être sensible à l'anxiété et au désarroi de la personne et de ne pas répéter des expériences traumatisantes.

Au stade modéré de la maladie, le retrait est une réaction fréquente. La personne craint en effet de ne pas comprendre ou de ne pas être comprise, et elle est facilement déstabilisée. Or, ce n'est pas parce qu'elle éprouve des difficultés qu'il faut cesser de communiquer avec elle et de pratiquer des activités adaptées.

Il faudra cependant modifier vos stratégies de communication à mesure que la maladie progressera afin d'optimiser la compréhension de votre proche et de minimiser les frustrations ou les incompréhensions. Ainsi, en tenant compte des capacités et des intérêts de votre proche, vous pourrez augmenter le sentiment de satisfaction de part et d'autre. Nous prendrons le temps d'explorer ces éléments ainsi que les stratégies qu'il convient d'adopter au chapitre 6 de cet ouvrage.

Au stade avancé de la maladie, il est préférable de privilégier un langage simple et une proximité sereine en plus de favoriser des activités qui s'appuient sur les sens : la personne peut en effet être stimulée et apaisée par la musique, les belles images, les bonnes odeurs et les contacts physiques.

La médication

Comme vous le savez sans doute, il n'existe pas encore de médicament permettant de guérir la maladie d'Alzheimer ou les maladies qui y sont apparentées. Des recherches pharmacologiques sont en cours dans des laboratoires scientifiques du monde entier. Le but est de comprendre les mécanismes à l'origine de la destruction des cellules cérébrales afin de pouvoir développer un ou des médicaments permettant de prévenir ou de renverser ce processus. Ces travaux sont nécessaires et porteurs d'espoir.

Deux types de médicaments sont utilisés dans le traitement des TNCM. Les inhibiteurs de l'acétylcholinestérase*, qui augmentent l'acétylcholine*, un neurotransmetteur nécessaire pour la mémoire et l'apprentissage, sont utilisés au début de la maladie. Les inhibiteurs de la NMDA, qui stimulent quant à eux la mémoire et la plasticité synaptique* (ce qui facilite la connexion entre les neurones), sont utilisés dans les stades avancés de la maladie. Les bénéfices de ces médicaments sont souvent modestes, mais ils permettent d'atténuer les symptômes de la maladie (pertes au niveau des fonctions cognitives : mémoire, orientation, langage, etc.) et de ralentir sa progression. Ils sont donc considérés comme des médicaments à visée symptomatique. N'hésitez pas à demander au médecin qui traite votre proche de vous décrire les changements auxquels vous pouvez vous attendre à la suite de l'introduction de ces types de médications. Leur efficacité varie d'une personne à l'autre. Certains verront une amélioration temporaire de leur état, de leur autonomie ou de leur qualité de vie, alors que d'autres ne réagiront pas du tout ou auront d'importants effets secondaires. La seule façon de le savoir, c'est de l'essayer !

Ces médicaments doivent être prescrits sur une base individuelle par un médecin qui aura pris le temps d'évaluer l'état clinique de la personne et de déterminer les précautions nécessaires.

Aucun des médicaments disponibles à ce jour n'est réputé plus efficace qu'un autre. Il se peut cependant que le médecin privilégie un médicament ou une formulation (timbre, comprimé) plutôt qu'un autre. N'hésitez pas à lui demander d'expliquer son choix.

Ces médicaments sont généralement remboursés par la Régie de l'assurance maladie du Québec (RAMQ). Une fois l'ordonnance établie, le médecin doit envoyer une demande de remboursement à la RAMQ.

Votre pharmacien et vous recevrez une lettre de confirmation de la RAMQ une à deux semaines plus tard. La première ordonnance est valide pour six mois. Un suivi téléphonique est habituellement fait par l'infirmière de l'équipe une semaine après le début de la prise pour vérifier comment le médicament est toléré. Il se peut aussi qu'on vous demande d'aviser l'infirmière si vous observez des effets secondaires chez votre proche. L'efficacité du médicament doit être évaluée par le médecin prescripteur trois à six mois après le début de la prise. Le médecin déterminera alors s'il convient d'ajuster la dose, de changer de médicament ou de cesser la médication. S'il décide de renouveler la prescription, celle-ci sera valide pour une année.

Des effets indésirables sont observés chez environ une personne sur dix dans les premiers jours suivant l'introduction ou lors des augmentations de dose :

- Problèmes digestifs (nausées, baisse d'appétit, vomissements, maux de ventre, perte de poids, diarrhée) ;
- Problèmes cardiopulmonaires (ralentissement des battements cardiaques parfois accompagné d'une perte de connaissance, aggravation de l'asthme) ;
- Problèmes neurologiques (étourdissements, maux de tête, diminution de l'équilibre, insomnie, perturbation du sommeil, anxiété, crampes musculaires, envies pressantes d'uriner) ;
- Réactions cutanées locales (pour les timbres), écoulement nasal.

Tout autre symptôme nouveau et inhabituel doit être rapporté. Dans le doute, il faut contacter un professionnel de la santé (pharmacien, infirmière, médecin) et avertir le médecin prescripteur.

Dans certains cas, les symptômes peuvent être passagers (les nausées, par exemple) : l'organisme est en train de s'adapter au nouveau médicament. Si tel est le cas, les symptômes indésirables disparaîtront en quelques heures ou quelques jours. La formulation en comprimé doit être prise à la fin des repas afin d'atténuer les symptômes digestifs et après le petit-déjeuner plutôt qu'après le repas du soir afin de ne pas perturber le sommeil. Si les symptômes persistent ou augmentent, toutefois, il faut communiquer sans délai avec le professionnel de la santé concerné (médecin, infirmière, pharmacien). Ce dernier évaluera la meilleure conduite à tenir (cesser le médicament, revenir à la dose antérieure, changer de médicament, etc.).

Polypharmacie, cascade médicamenteuse et déprescription

Comme vous le verrez dans le prochain chapitre, l'évolution de la maladie d'Alzheimer est beaucoup plus prévisible et lentement progressive chez les patients par ailleurs en bonne santé.

Dans les premiers stades, le médecin traitant continue tous les traitements préventifs et curatifs qui ont pour but d'optimiser l'état de santé. Il évite cependant les médicaments qui réduisent l'acétylcholine, comme ceux qui sont pris pour soulager les allergies, les démangeaisons et la toux (antihistaminiques) ainsi que ceux prescrits pour atténuer l'incontinence urinaire (par exemple, l'oxybutynine). Il faut également tenter d'éviter de prescrire ou retirer progressivement les benzodiazépines (par exemple, le lorazepam) et les narcotiques, qui diminuent la vigilance et augmentent le risque de chute. Certains médicaments, comme les antidépresseurs ou les antipsychotiques, peuvent être utilisés pour contrôler les symptômes comportementaux ou psychologiques associés à la maladie (voir le chapitre 8, à la page 135), mais leur prescription exige un suivi serré. Votre proche se plaindra peut-être qu'il prend trop de médicaments (polypharmacie*) : les personnes atteintes ont en effet tendance à oublier leurs maladies quand elles se sentent bien. Il est important que vous veilliez, en collaboration avec le pharmacien et le personnel du CLSC, à ce que les médicaments soient bien pris.

Lorsque la maladie avance, que votre proche perd du poids et qu'il a moins d'équilibre, de force ou d'endurance, il faut souvent réduire la dose de certains médicaments, notamment ceux utilisés pour traiter le diabète ou l'hypertension. L'objectif est d'éviter les baisses de glycémie ou de tension artérielle trop importantes, qui peuvent entraîner de la confusion et des chutes. Pour les mêmes raisons, il faut parfois réduire la dose des médicaments qui permettent de gérer les comportements difficiles.

Lorsque la maladie est très avancée, et surtout, lorsque la personne a de la difficulté à avaler, il faut penser à limiter la médication à celle qui assure le confort. On peut par exemple continuer le traitement de l'insuffisance cardiaque pour éviter l'essoufflement, mais cesser les médicaments prescrits pour contrôler le cholestérol ou l'ostéoporose*, qui ne donnent aucun bénéfice immédiat. Précisons que le contrôle de l'anxiété et de la douleur reste une priorité jusqu'à la fin.

Si votre proche a plusieurs problèmes de santé, qu'il consulte plusieurs médecins et qu'il fréquente régulièrement l'urgence, soyez vigilant. Les médecins ne sont pas toujours au courant de tous les détails du dossier de votre proche et ne connaissent pas nécessairement toutes les interactions médicamenteuses. Ayez toujours une liste de médicaments à jour et, surtout, discutez avec votre pharmacien. Il est important de prévenir les cascades médicamenteuses qui surviennent lorsque le médecin croit que les effets secondaires d'un médicament constituent un nouveau problème médical et qu'il prescrit un autre médicament alors qu'il aurait simplement dû remplacer ou cesser le premier.

Et à la fin, qu'est-ce que j'en retiens ?

✓ Les changements provoqués par la maladie n'apparaissent pas du jour au lendemain. L'entourage a donc le temps de s'adapter.

✓ Il est important d'offrir une stimulation cognitive au proche. Celle-ci doit être variée (ne pas toujours lui faire faire la même chose), adaptée (ni trop facile ni trop difficile) et stimulante (quelque chose qu'il aime et qui rejoint ses intérêts personnels).

✓ La personne atteinte est susceptible d'avoir des problèmes nutritionnels. Il faut être conscient de ce risque et veiller à dépister précocement ces problèmes à tous les stades de la maladie (observation directe de toutes les étapes de la préparation et de la consommation du repas, prise régulière du poids).

✓ En cas de problème, il faut intervenir rapidement, en discuter avec les professionnels (infirmière, médecin, nutritionniste) et établir avec eux un plan d'action avec suivi.

✓ Il faut encourager le maintien des interactions sociales. L'entourage s'adaptera à la condition de votre proche.

✓ La médication actuellement disponible ne convient pas à tout le monde. Elle ne fait par ailleurs que ralentir la progression de la maladie, sans la guérir. Afin d'éviter les déceptions, il est important de discuter avec l'équipe de soins des bénéfices que vous pouvez en attendre. En règle générale, les effets sont modestes.

✓ Il faut toujours discuter avec les professionnels de la santé de l'utilité des médicaments et des effets secondaires afin d'éviter les cascades médicamenteuses.

3

La consultation en clinique de cognition et le suivi médical

Depuis 2015, le *Plan ministériel sur les troubles neurocognitifs* déployé à travers tout le Québec a permis d'outiller les intervenants dits de « première ligne », notamment les médecins de famille, les infirmières cliniciennes, les travailleurs sociaux et les pharmaciens travaillant dans des CLSC, des GMF ou des cabinets médicaux, pour repérer et évaluer les patients présentant des troubles neurocognitifs.

Ainsi, il se peut que le parcours de votre proche ne vous ait pas nécessairement mené en clinique de cognition, aussi appelée clinique de mémoire. Il est aussi possible que son médecin recommande une consultation spécialisée à cause de la présence de symptômes inhabituels, de plusieurs maladies concomitantes ou en raison d'une plus grande complexité.

Les cliniques spécialisées se trouvent dans différentes structures et visent à assurer l'excellence des soins, la formation des professionnels et la recherche. Elles regroupent des intervenants issus de diverses professions de la santé, soit majoritairement des médecins spécialistes (gériatre, neurologue, gérontopsychiatre), des infirmières cliniciennes, des neuropsychologues, des travailleurs sociaux ou des ergothérapeutes. L'ensemble des évaluations décrites dans ce chapitre sont réalisées par le médecin et l'infirmière et, si nécessaire, par d'autres membres de l'équipe. Les patients sont recommandés par leur médecin traitant, ce dernier ayant estimé que leur état méritait d'être examiné plus en profondeur. D'autres personnes pressent également très tôt leur médecin de les diriger vers les ressources appropriées, dès qu'elles perçoivent des changements dans leur fonctionnement cognitif, car elles sont préoccupées et veulent pouvoir retarder l'apparition de la maladie.

Par ailleurs, il faut savoir qu'il n'existe pas encore à ce jour de test « simple » ou « standard » (prise de sang, imagerie, etc.) permettant de poser un diagnostic de maladie cognitive. Le processus d'évaluation des fonctions cognitives (évaluation neuropsychologique*) est en effet exhaustif, comme vous le verrez plus loin. Le diagnostic se fait ainsi par une approche systématique et rigoureuse : le clinicien doit explorer et éliminer une panoplie de causes pouvant potentiellement contribuer aux difficultés cognitives éprouvées. Ce processus, qui touche des sujets souvent jugés tabous, est parfois perçu comme indiscret. Sachez toutefois que chaque question a sa pertinence et que les intervenants cherchent à faire preuve de délicatesse et de diplomatie lorsqu'ils abordent certains sujets susceptibles d'être perçus comme intrusifs.

La personne qui se soumet à une évaluation cognitive doit préférablement être accompagnée d'un proche qui la connaît bien. Il est attendu que cette personne soit au fait du niveau d'autonomie et des comportements de son proche au quotidien. En effet, comme nous sommes rarement les « meilleurs juges » de notre état, il est utile de pouvoir avoir l'heure juste en s'adressant à une personne de l'entourage qui peut valider certaines informations ou apporter des précisions. Il n'est pas rare que les personnes atteintes manquent d'autocritique (voir le chapitre 1, à la page 37) : il est donc fort utile de pouvoir compter sur la présence d'un proche. Évidemment, pour des raisons de confidentialité, la personne faisant l'objet de l'évaluation doit accepter que son proche soit présent pendant la consultation. Si vous craignez qu'elle refuse, avisez-en l'équipe de soins avant le début de l'évaluation.

La première visite en clinique

La personne qui consulte (voir l'annexe 2, à la page 207) est souvent très anxieuse, car elle redoute un diagnostic de TNCM. Elle peut ainsi craindre des changements négatifs qui affecteront son niveau de contrôle sur sa vie personnelle et les relations qu'elle entretient avec son entourage. C'est une réaction tout à fait normale.

L'entrevue médicale visant à explorer le terrain cognitif nécessite une longue conversation qui se distingue des rencontres médicales habituelles. L'intervenant doit individualiser l'entretien pour l'adapter au patient et à son contexte de vie. Ainsi, le contenu de l'entrevue ne sera pas le même si on s'adresse à une personne qui est encore sur le marché du travail et qui est préoccupée par ses oublis fréquents ou à une nonagénaire qui est devenue désorientée et désorganisée depuis son installation dans une nouvelle résidence.

En règle générale, l'information est principalement recueillie auprès du patient lui-même. Dans certains cas, toutefois, le proche aidant est la personne la plus apte à fournir les informations.

Des trucs pour préparer son proche à une visite d'évaluation cognitive

Rassurez votre proche en lui disant que le but de cette évaluation n'est pas de « chercher des problèmes », mais plutôt de « trouver des réponses ».

Dites-lui que plusieurs stratégies peuvent être mises en place pour diminuer les risques d'apparition de troubles cognitifs ou pour en ralentir la progression s'ils sont déjà présents. Il est donc important d'intervenir tôt !

Certaines personnes craignent de recevoir un diagnostic et de ne pas pouvoir retourner à la maison (ils ont peur d'être « placés »). Rassurez votre proche en lui disant que les évaluations et les recommandations qui en découleront serviront au contraire à optimiser son autonomie à domicile et à augmenter sa sécurité.

Si vous avez déjà de bons liens avec un professionnel de la santé en qui votre proche a confiance, n'hésitez pas à demander sa collaboration. Cela pourrait permettre de favoriser la compréhension de votre proche et, le cas échéant, de diminuer son anxiété.

Les antécédents et les traitements

L'équipe médicale a toujours besoin de connaître les maladies physiques et psychiatriques actuelles et passées. Dans le cas de la cognition, les maladies ayant entraîné un retard de développement intellectuel dans l'enfance ou les accidents du cerveau (commotion cérébrale, saignement, méningite*, AVC, etc.) doivent être recherchés. Y a-t-il des antécédents de troubles cognitifs dans la famille ? Si oui, chez qui, à quel âge et comment le problème s'est-il manifesté ?

Des maladies comme le diabète et l'hypertension augmentent le risque de développer des troubles cognitifs. Ces affections sont considérées comme des facteurs de risque, car leur seule présence augmente la probabilité d'impact cognitif. Cela est encore plus vrai lorsqu'elles sont présentes à long terme ou qu'elles sont plus ou moins bien contrôlées ou stabilisées. Il faut veiller à les contrôler le mieux possible afin d'en diminuer les répercussions sur les difficultés cognitives déjà présentes. Mentionnons aussi le cholestérol élevé et la fibrillation auriculaire (battements cardiaques irréguliers portant à conséquence en l'absence de traitement), qui sont des facteurs de risque des maladies des vaisseaux sanguins présents dans tous les organes du corps, y compris le cerveau. Les maladies qui diminuent l'énergie (manque d'oxygène), comme l'insuffisance cardiaque ou la maladie pulmonaire chronique, ou les problèmes qui nuisent à l'élimination des toxines dans le sang, comme l'insuffisance rénale (urémie*) ou du foie (cirrhose*), peuvent également entraîner des difficultés cognitives.

Les maladies transmises sexuellement comme la syphilis ou le SIDA peuvent aussi être à l'origine de troubles cognitifs. Elles seront dépistées au besoin.

Il est important de savoir si le patient a déjà présenté de la confusion (voir le chapitre 4, à la page 80) lors d'une hospitalisation.

Tous les médicaments sont révisés pour s'assurer qu'ils sont indiqués et que leur dosage est approprié, surtout ceux qui peuvent toucher la cognition comme les anticholinergiques* et les benzodiazépines (voir le chapitre 2, à la page 57).

La consommation d'alcool

L'évaluation porte également sur l'historique de consommation d'alcool. De longs épisodes d'abus dans le passé ou une consommation actuelle excessive peuvent en effet détériorer l'état cognitif. Les personnes qui consomment régulièrement de grandes quantités d'alcool ne pourront pas être évaluées adéquatement. Il faudra plusieurs mois d'abstinence pour clarifier le tableau clinique et poser un diagnostic. La prise d'alcool affecte les fonctions cognitives : il est donc difficile de distinguer les dommages permanents des effets secondaires de l'alcool.

Les répercussions de la consommation de cannabis sont moins bien étudiées, mais on sait qu'elle a un effet néfaste sur la cognition. Par ailleurs, son utilisation, tout comme celle de la cigarette, présente des enjeux liés à la sécurité étant donné le risque lié aux incendies dus à une cigarette allumée, échappée ou oubliée.

L'histoire sociale et fonctionnelle

Le patient fait d'abord le récit de sa vie. Il raconte où il est né, sa place dans la fratrie, sa scolarité, ses emplois, ses loisirs, comment il a vécu les étapes et les évènements de transition ainsi que les épreuves de la vie (retraite, vieillissement, deuils, etc.). Cela permet d'apprécier sa mémoire, la façon dont il organise ses idées, son langage, son jugement et, dans une certaine mesure, ses valeurs.

On lui demande ensuite de décrire une journée type, ce qui donne des informations sur le temps qu'il passe au lit et le nombre de repas qu'il prépare ou consomme. Est-ce qu'il s'habille tous les jours ? Peut-il se relever après le bain ? Sort-il seul ? Qui l'accompagne ? Quelle est son endurance ? Combien de temps passe-t-il à faire des activités et à socialiser ? Lorsqu'il s'accompagne d'apathie et de sédentarité, le déclin cognitif est associé à des risques qui doivent être encadrés différemment de l'hyperactivité et l'errance. Les proches croient souvent, à tort, que le vieillissement ou la dépression sont à l'origine de ce comportement.

La capacité du patient à réaliser les activités de la vie quotidienne (marcher, faire sa toilette, s'alimenter, se laver, s'habiller, pratiquer la continence urinaire et fécale) et les activités de la vie domestique (prendre ses médicaments, se déplacer à l'extérieur, conduire, faire les courses, préparer les repas, s'occuper de l'entretien ménager, faire le lavage et gérer les finances) sont aussi abordées.

Cette mémoire dite épisodique (mémoire des évènements personnels) n'étant recueillie qu'auprès du patient, il est impératif que vous validiez l'information.

Les intervenants ne s'intéressent pas uniquement à ce que le patient est en mesure de faire maintenant : ils cherchent aussi à comprendre comment les incapacités sont apparues. Ils évaluent par ailleurs sa capacité à raisonner et à résoudre les problèmes en s'intéressant aux stratégies qu'il utilise pour faire face aux difficultés et les compenser.

L'histoire du trouble cognitif

On arrive maintenant dans le vif du sujet. À quel moment et comment sont apparus les premiers symptômes cognitifs ? Cela s'est-il fait très progressivement ou en l'espace de quelques jours ou de quelques semaines ? Les atteintes portent-elles sur la mémoire, le langage, l'organisation ou la prise de décision ? Le patient a-t-il éprouvé très tôt des difficultés à faire certains gestes (utiliser de nouveaux appareils courants, par exemple) ou à percevoir l'environnement ?

Des changements ont-ils été observés dans sa personnalité ou ses comportements ? Ces éléments permettent de déterminer le type de trouble neurocognitif dont il s'agit. La réponse à ces questions demande une réflexion et doit être préparée. Il est donc possible qu'il faille plus d'une visite pour tirer des conclusions fiables et déterminer la gravité du déclin cognitif.

Le tableau se clarifie souvent dans les visites subséquentes, après une observation plus étroite des gestes et des comportements de la personne et des discussions avec les autres membres de l'entourage.

Les troubles du sommeil sont fréquents chez les personnes âgées. Ils diminuent les capacités cognitives et aggravent les symptômes comportementaux liés aux troubles neurocognitifs. Il faut donc veiller à diagnostiquer et à traiter les maladies qui perturbent le sommeil. Le trouble du sommeil est-il récent ? L'insomnie est-elle liée à un trouble de l'humeur comme la dépression ? Votre proche se réveille-t-il à cause de douleurs qui pourraient être soulagées ? A-t-il des symptômes urinaires incommodants ? Doit-il s'asseoir au bord du lit à cause d'un essoufflement qui laisse suspecter une insuffisance cardiaque ? Avez-vous déjà été témoin de pauses dans la respiration ou de ronflements qui évoquent une apnée du sommeil* ? Fait-il de longues siestes le jour et est-il plus actif la nuit à cause d'une inversion dans le cycle du sommeil ? Le médecin qui évalue votre proche vous posera ces questions.

La présence d'autres malaises

En outre, l'état de santé général de votre proche est évalué. Les principaux symptômes cardiaques et pulmonaires (essoufflement, douleur au thorax, enflure des jambes, etc.) qui pourraient justifier un certain retrait social sont analysés. Les palpitations peuvent être le signe d'une fibrillation auriculaire (arythmie cardiaque) ou d'un autre trouble cardiaque qui doit être examiné et traité.

Les problèmes associés aux fonctions digestives et intestinales (avaler, digérer et éliminer, perdre du poids) sont recherchés. Si votre proche est aux prises avec des atteintes modérées de la mémoire, il se peut qu'il oublie de manger régulièrement. Une bouche sèche et un dentier mal ajusté peuvent aggraver une tendance à s'étouffer (trouble de la déglutition), allonger la durée des repas (surtout si la manipulation des ustensiles devient difficile) et aggraver la perte de poids et la vulnérabilité qui en découle. La constipation est une source de préoccupation pour plusieurs, car elle peut provoquer inconfort et agitation.

Les problèmes de vessie sont fréquents : l'envie pressante d'uriner peut obliger la personne à accélérer le pas et augmenter le risque de chute. Il est aussi épuisant d'avoir à se lever plusieurs fois pendant la nuit pour uriner. L'incontinence peut devenir gênante, voire humiliante quand on n'arrive plus à utiliser les protections nécessaires. Le patient aura tendance à cacher le problème et peut même s'empêcher de sortir.

Les maladies des os et des articulations, la fonte des muscles, aggravée par la sédentarité et la dénutrition, et les séquelles de traumatismes (dont les chutes) entraînent aussi des difficultés fonctionnelles qui ne sont pas attribuables aux troubles cognitifs. Il faut donc examiner leurs causes et les traitements entrepris pour optimiser la situation.

Les troubles visuels et auditifs doivent être dépistés et corrigés. Il est reconnu que la surdité brise la communication et accélère le déclin cognitif.

Vous en apprendrez beaucoup sur les difficultés et les capacités résiduelles de votre proche lors de cette rencontre. Vous pourrez intervenir pour éclaircir certains points. Si la situation est trop délicate, la discussion peut se faire à un autre moment ou par téléphone. On vous demandera peut-être de sortir de la salle pendant que votre proche se soumet aux tests de mémoire standardisés afin d'éviter les distractions (éternuements, sonnerie de téléphone, tentatives du proche de valider une réponse auprès de vous, etc.). Si vous demeurez dans la salle, veillez à vous installer en retrait.

L'exploration cognitive se fait par la discussion et la passation de tests standardisés (papier-crayon). Il existe plusieurs tests, mais les plus souvent utilisés sont le Mini-Mental State Examination (MMSE) et le Montreal Cognitive Assessment (MoCA). Ces tests durent entre 10 et 15 minutes chacun. Le MMSE et le MoCA ont une présentation semblable, mais les objectifs, contenus et niveaux de difficulté sont un peu différents. Le MMSE se concentre davantage sur les tâches de mémoire, d'orientation, de langage et de calcul. Il est généralement utilisé dans les stades modérés à sévères. Il permet aussi d'évaluer l'évolution des troubles cognitifs et de justifier le remboursement par la RAMQ du médicament prescrit. Le MoCA permet quant à lui d'évaluer les patients présentant une possibilité de trouble neurocognitif léger* ou de TNCM léger. Il s'intéresse aux tâches évaluées par le MMSE, mais aussi aux fonctions exécutives et à l'abstraction. S'ils peuvent parfois sembler enfantins aux yeux de certaines personnes, il s'agit bel et bien d'outils validés, accessibles et reconnus à travers le monde. Ces tests doivent être réalisés dans des conditions optimales afin que les résultats soient fiables et valides. Ainsi, votre proche devrait porter ses lunettes et ses appareils auditifs, le cas échéant, et être assis confortablement.

Le niveau de stress ou d'anxiété lors de la passation de ces tests revêt aussi une grande importance. Le professionnel de la santé qui accompagne votre proche doit prendre le temps de situer le contexte et s'efforcer de diminuer son anxiété en normalisant la présence de ce sentiment inconfortable. Il peut lui dire simplement de « faire de son mieux ». Il se peut aussi que votre proche trouve certaines sections faciles et d'autres plus difficiles. Il est important de ne pas tirer de conclusions hâtives en s'appuyant sur le score obtenu au test. Chaque résultat doit être minutieusement interprété en fonction de nombreux facteurs qui peuvent varier d'une personne à l'autre (âge, nombre d'années de scolarité, présence d'anxiété, de douleur ou de somnolence pendant le test, etc.). Il faut aussi tenir compte du fait que nous avons parfois plus de facilité dans un domaine que dans un autre (calcul mental, sens de l'orientation, mémoire, sens de l'organisation). Tous ces éléments seront pris en compte au moment d'analyser les résultats. Comme les équipes travaillent en interdisciplinarité, il se peut que la collecte des informations auprès du patient et des proches — y compris parfois les tests cognitifs — soit faite par différents intervenants. Tous les résultats seront ensuite remis au médecin.

L'examen physique est fait par le médecin. Le patient est déjà familier avec la prise des signes vitaux ainsi que l'examen du cœur et des poumons. Le médecin est par ailleurs à la recherche de signes physiques de maladies qui accompagnent les troubles cognitifs, comme les AVC ou la maladie de Parkinson.

Dans certains cas, ces évaluations permettent d'établir facilement un diagnostic. Bien souvent, les proches s'y attendent, car ils ont eu des expériences similaires dans la famille. Dans d'autres cas, la présentation est atypique et le médecin doit procéder à des examens complémentaires ou encore à la demande d'une évaluation complémentaire approfondie par un neuropsychologue ou un ergothérapeute. Dans certains cas, seul le temps permettra d'apprécier le déclin ainsi que son impact fonctionnel.

Les investigations biologiques complémentaires

Ce type d'examens est généralement employé pour éliminer une cause « organique » (autre que la maladie d'Alzheimer) expliquant les symptômes cognitifs anormaux (tumeur cérébrale, méningiome, hydrocéphalie, etc.), déterminer la présence de lésions vasculaires ou de saignements dans le cerveau (AVC, séquelles de trauma crânien, épanchement de sang, etc.) ou préciser un diagnostic chez une personne présentant un tableau de symptômes atypique. Vous trouverez ci-dessous un tableau décrivant les techniques d'imagerie médicale les plus fréquemment utilisées.

Tableau 3.1 | Techniques d'imagerie médicale

Type d'examen	Nom de l'examen	Description
Radiologie	Tomodensitométrie (*scan, scanner* ou CT-scan)*	La plupart du temps non invasif (sans injection de produit de contraste), cet examen radiologique permet de reconstituer des images du corps en 2D ou 3D. On prend en quelque sorte une photo de l'organe (le cerveau, par exemple) afin de détecter la présence d'une lésion, d'une masse ou d'une anomalie, même si celle-ci ne mesure que quelques millimètres.
Radiologie	Imagerie par résonance magnétique (IRM)*	On utilise un champ magnétique (aucune radioactivité) pour produire des images claires et définies du corps. Ce type d'examen permet d'obtenir des images plus précises que le *scan* et, donc, de détecter des lésions plus petites ou plus discrètes. On génère en quelque sorte une photo HD du cerveau. Cet examen est contre-indiqué pour les personnes porteuses d'implants métalliques fixes.

Médecine nucléaire	Tomographie par émission de positons (TEP-scan)*	Ce type d'examen est invasif, car il exige l'injection d'un produit radioactif. Le produit, absorbé par les tissus du corps, émet un rayonnement qui est capté par l'appareil. Ce dernier produit alors une image fonctionnelle de l'organe ciblé. Le TEP-scan du cerveau permet d'obtenir l'équivalent de courts vidéos illustrant le métabolisme (fonctionnement) de cet organe.

Il existe d'autres examens complémentaires (TEP-amyloïde, TEP-tau, dosage de la protéine amyloïde et/ou de la protéine tau *via* une ponction lombaire), mais ils sont surtout utilisés dans le cadre de projets de recherche. Ils sont en effet coûteux et leur véritable utilité clinique n'a pas encore été établie pour l'ensemble de la population. Si votre médecin croit pertinent d'avoir recours à l'une de ces techniques complémentaires, il vous expliquera la raison de son choix.

Même si un diagnostic de maladie d'Alzheimer est présumé et qu'on commence une médication pour cette condition, il peut arriver que la maladie ne soit pas directement nommée si le proche craint une réaction catastrophique. Le terme TNCM (pour trouble neurocognitif majeur) ou maladie de la mémoire sera plutôt utilisé. En effet, il faut savoir individualiser l'approche employée et respecter le patient et son entourage.

Si un médicament est prescrit, on vous informera sur son utilisation et sur les effets secondaires qu'il convient de surveiller. L'infirmière vous demandera de lui signaler dans les plus brefs délais l'apparition d'effets secondaires négatifs. Les intolérances se manifestent généralement dans les 48 premières heures d'utilisation. Dans plusieurs milieux, l'infirmière contacte systématiquement les patients ou leur proche une semaine après l'introduction du médicament.

Les visites de suivi

Une visite de suivi doit être planifiée au moins six mois après la première consultation afin d'évaluer l'évolution clinique. Par la suite, les rendez-vous ont lieu tous les ans. La fréquence des visites avec le médecin de famille et d'autres spécialistes peut être plus élevée si le patient souffre de plusieurs problèmes de santé.

À la première visite de suivi (de façon générale, après six mois), l'équipe de la clinique de mémoire ou le médecin de famille s'intéresse à l'état de santé global et, entre autres, au maintien du poids. L'évolution des symptômes cognitifs est abordée avec le proche aidant et évaluée par un test. Quel est l'effet des nouveaux traitements introduits ? Comment se déroulent les activités de tous les jours ? Un intérêt particulier est porté à l'organisation des repas et aux sorties à l'extérieur, surtout si le patient conduit ou si le risque de se perdre ou de chuter est élevé. On s'intéresse aussi à l'autonomie dans la gestion financière. On se préoccupe finalement de l'humeur de la personne. Est-elle déprimée, anxieuse ? Développe-t-elle des troubles du comportement ?

Enfin, certains points incontournables doivent être éclaircis. Qui est la personne mandatée pour prendre les décisions si votre proche devient incapable de le faire ? Comment évolue le transfert des responsabilités entre votre proche et vous ? Quelles sont les volontés de votre proche advenant une maladie grave ou un déclin cognitif important ? Privilégie-t-il le confort et le traitement des maladies réversibles ou la prolongation de la vie à tout prix (voir le chapitre 5) ?

On doit finalement s'assurer que vous comprenez la situation et que vous trouvez l'aide dont vous avez besoin.

Les équipes médicales qui accompagnent les personnes souffrant de troubles cognitifs ont une connaissance intime de leur vie. C'est grâce à cette connaissance qu'ils peuvent interpréter les réactions et les comportements de la personne en collaboration avec ses proches. Ils peuvent ainsi partager leurs inquiétudes et les aider à trouver des solutions.

Si la maladie évolue sur une longue période, vous aurez affaire avec plusieurs équipes de soins dans les milieux communautaires et institutionnels. Dans tous les cas, votre implication est essentielle.

Il est primordial de maintenir une bonne communication avec l'équipe de soins et les organismes de soutien. Nous espérons que les prochains chapitres vous en convaincront.

Et à la fin, qu'est-ce que j'en retiens ?

- ✓ La première visite pour un trouble cognitif implique une longue évaluation. Il faut s'y préparer (voir l'annexe 2, à la page 207) en discutant des premiers symptômes, de la chronologie de l'apparition des symptômes comportementaux et des difficultés fonctionnelles avec les autres membres de l'entourage.
- ✓ L'équipe devra établir les bases d'une bonne relation thérapeutique avec votre proche, car elle devra l'accompagner et le soutenir à long terme. C'est avec le temps que vous apprivoiserez le diagnostic.
- ✓ Il faut laisser votre proche s'exprimer et corriger ses réponses au moment opportun. Si vous craignez de l'offenser, demandez à discuter en privé avec le médecin ou un autre membre de l'équipe.
- ✓ Des rendez-vous de suivi seront planifiés pour discuter des changements cognitifs et fonctionnels et aborder les questions de la sécurité et des niveaux de soins.
- ✓ Il ne faut pas hésiter à demander de l'aide, comme on vous l'expliquera plus loin.
- ✓ Il faut toujours discuter avec les professionnels de la santé de l'utilité des médicaments et des effets secondaires afin d'éviter les cascades médicamenteuses.

4

Les problèmes susceptibles de causer une hospitalisation

Une bonne santé est un atout précieux lorsque le trouble neurocognitif majeur (TNCM) s'installe. Votre proche a possiblement des maladies ou comorbidités* (diabète, maladie cardiaque, maladie pulmonaire chronique, etc.) qui affecteront l'évolution de son trouble cognitif. Des études ont montré que les patients présentant plus de cinq comorbidités ont plus d'incapacités fonctionnelles et de troubles de mobilité et de l'humeur. Elles montrent aussi que leur qualité de vie est moins bonne. Si c'est le cas de votre proche, il aura vraiment besoin d'une équipe — dont vous faites partie — pour l'accompagner et le soutenir.

Ces nouvelles maladies (dites « aiguës », par opposition aux maladies chroniques) peuvent se manifester de façon habituelle, mais, souvent, elles ont des présentations atypiques, les plus communes étant le délirium et les chutes, qui sont des causes fréquentes de consultations à l'urgence et d'hospitalisations.

Le délirium

La maladie d'Alzheimer est une maladie dégénérative qui entraîne une détérioration graduelle de l'autonomie décisionnelle et fonctionnelle et dont l'évolution est généralement lentement progressive. Ainsi, tout changement important et soudain (du style « du jour au lendemain ») des fonctions cognitives ou du comportement devrait vous mettre la puce à l'oreille. Il se peut en effet que votre proche présente un délirium.

Le mot délirium vient du latin *deliriare*, littéralement, « sortir du sillon ». Cela décrit bien ce qu'observent les soignants quand un patient hospitalisé ayant un comportement tout à fait « normal » s'agite soudainement, retire sans précaution tubulures et pansements et tente de fuir comme s'il était pourchassé. Le délirium peut aussi se traduire, à l'inverse, par un état de grand endormissement, le patient ne s'éveillant pas pour prendre le repas ou pour interagir avec ses visiteurs.

Voici quelques éléments qui peuvent indiquer la présence d'un délirium :

- Vous remarquez un changement abrupt et important dans l'état cognitif de votre proche (il devient rapidement beaucoup plus confus, tient des propos incohérents, ne reconnaît pas ses proches ou sa maison, se méfie et, comme disent les familles, « n'est plus lui-même », etc.) ;
- Vous avez beaucoup de difficulté à obtenir son attention (il n'arrive pas à se concentrer sur vos paroles, ne tient pas en place, semble être distrait par des sons anodins ou des personnes que vous n'entendez ou ne voyez pas, etc.) ;
- Vous observez un changement dans son état d'alerte ou d'éveil (il est très agité ou très ralenti, hypervigilant ou difficile à réveiller, etc.) ;
- Vous remarquez des variations de son état dans la même journée (fluctuations).

Ce qu'il faut savoir du délirium

Il faut voir le cerveau et les neurones comme un grand réseau électrique qui continue de fonctionner malgré des sections endommagées. Le réseau est fragilisé par le vieillissement et, surtout, par le trouble neurocognitif. Il fonctionne à la limite de ses capacités, ce qui le prédispose à subir une panne générale en cas d'incident aigu. Lors d'un délirium, rien ne va plus !

Des recherches scientifiques ont montré que les principaux facteurs qui prédisposent au délirium sont la présence d'un TNCM, l'âge, le fait d'avoir déjà eu un délirium, une mauvaise vision ou audition, la présence simultanée de plusieurs maladies (cœur, poumons, cerveau, rein), la déshydratation, la consommation chronique d'alcool ou le fait de cesser brusquement de prendre des calmants, des somnifères ou de l'alcool (en situation de consommation chronique abusive).

Le délirium peut se présenter à tout âge, mais, plus la personne présente de facteurs prédisposants, plus il suffit d'un problème léger pour le précipiter. Votre proche qui vit avec des atteintes cognitives est ainsi à risque. Le délirium peut découler d'un seul problème, mais il est souvent le résultat de plusieurs problèmes combinés qu'il faut identifier rapidement. S'il est sévère, il peut entraîner le dérèglement de plusieurs fonctions corporelles comme le contrôle de l'équilibre, la continence et la capacité d'avaler, en plus d'exacerber les atteintes cognitives déjà présentes.

Voici les causes les plus fréquentes pouvant précipiter le délirium :

- **Causes physiques** (fréquentes) : infection (urinaire, broncho-pneumonie*), déséquilibre des électrolytes sanguins (causé par la déshydratation ou la prise de certains médicaments, par exemple les diurétiques), effets secondaires d'un nouveau médicament (médicaments visant à contrôler la douleur ou à favoriser le sommeil), AVC, chirurgie récente (traumatisme, baisse d'oxygène, anesthésiants, narcotiques), douleur aiguë non reconnue et donc non soulagée, distension de la vessie (rétention urinaire) ou constipation importante (fécalome*).
- **Causes psychologiques** (moins fréquentes) : trouble d'adaptation (changement de domicile, choc émotif, deuil récent, etc.), anxiété significative.
- **Causes liées à l'environnement** (maladie à un stade modéré ou sévère) : changement d'environnement et absence de points de repère (civière à la salle d'urgence, cubicule dépourvu de fenêtre, absence du proche aidant, etc.), troubles visuels ou auditifs non compensés (la personne n'a pas ses lunettes ou ses appareils auditifs).

Le délirium est fréquent : il survient chez au moins 20 à 30 % des patients hospitalisés de plus de 75 ans. Tous les hôpitaux ont des protocoles de prévention et de prise en charge du délirium. Vous devez rapporter aux professionnels tout facteur prédisposant, notamment les symptômes cognitifs, les particularités comportementales, la prise d'alcool et la survenue d'épisodes antérieurs de délirium ainsi que leurs causes, manifestations et évolutions cliniques. Il est important de signaler tout changement soudain de comportement. Le personnel cherchera à identifier rapidement la ou les causes et adaptera le plan de soins en conséquence.

Vous pouvez contribuer à prévenir l'apparition du délirium en rappelant doucement à votre proche la date, le lieu où il se trouve et le rôle des gens qui l'entourent. Vous pouvez aussi l'aider à demeurer bien éveillé le jour afin qu'il puisse dormir la nuit. Il sera ainsi mieux à même de préserver ses capacités si vous l'accompagnez dans ses activités quotidiennes, par exemple en lui indiquant quand aller aux toilettes, en lui offrant de l'eau pour prévenir la déshydratation de même qu'en l'encourageant à manger des aliments qu'il aime, à se lever du lit pour préserver sa mobilité et à porter dentiers, lunettes et appareils auditifs afin qu'il puisse communiquer de façon optimale.

Il arrive que le délirium soit sévère et que la personne soit incapable de collaborer. Il faut alors s'adresser à l'équipe de soins afin de connaître les bons gestes à faire.

Histoire d'en parler...

Arthur et Yolande

Arthur a 77 ans. Il est atteint de la maladie d'Alzheimer, au stade modéré. Il habite avec sa sœur Yolande, qui supervise sa médication, lui fait des rappels pour son hygiène personnelle, prépare ses vêtements, l'accompagne dans ses sorties et s'occupe de tout dans la maison. Arthur aime ses visites hebdomadaires au centre de jour. Il aime aussi faire des casse-têtes et regarder des matchs de soccer à la télévision. Il est d'un tempérament doux et soumis.

Un après-midi, Yolande trouve qu'Arthur est différent lorsqu'il se réveille de sa sieste. Il est très somnolent, il hausse le ton et demande à se recoucher quand Yolande essaie de l'aider à s'installer pour faire un casse-tête. Il utilise à plusieurs reprises le nom de leur mère pour appeler Yolande, ce qu'il n'a encore jamais fait auparavant, et tient des propos incohérents. Il semble plus désorienté dans la maison : il cherche la salle de bain, se plaignant de brûlements urinaires. Sa démarche est plus précaire et il manque de tomber.

Yolande a déjà vu son frère dans un état semblable : il a déjà fait une infection urinaire pour laquelle il avait dû être hospitalisé. Cette fois-ci, Yolande agit rapidement pour éviter l'aggravation du délirium et l'hospitalisation : elle laisse un message à son infirmière pivot. Après avoir discuté avec le médecin, l'infirmière se rend chez Arthur pour effectuer un prélèvement d'urine et des prises de sang. La pharmacie fait livrer à domicile les antibiotiques prescrits.

Yolande laisse son frère se reposer et le stimule moins. Elle l'installe devant la chaîne des sports, appelle une voisine qui est toujours prête à aider, ne s'éloigne pas et l'hydrate bien. Le lendemain, les propos d'Arthur sont encore incohérents, mais il ne mentionne plus de douleurs urinaires. Il retrouve son tempérament doux. La condition d'Arthur continue de s'améliorer : il a reçu le bon traitement et le délirium s'est résorbé.

Voici quelques trucs pour intervenir adéquatement auprès de votre proche :

- Tâchez de rétablir dès que possible la routine habituelle et prenez soin d'appliquer les éléments d'une bonne communication (voir le chapitre 6, à la page 103). Après tout, vous êtes la principale référence de votre proche : vous êtes là pour le rassurer et lui donner des repères.
- Assurez-vous qu'il porte ses lunettes, ses appareils auditifs et ses prothèses dentaires.
- Assurez-vous qu'il est bien hydraté et que son alimentation favorise une bonne élimination.
- Faites-le bouger afin d'éviter les complications associées à un alitement prolongé (plaies de pression, perte de force musculaire, baisse de tension artérielle, thrombose veineuse, etc.).

Les chutes

Les chutes sont fréquentes chez les personnes âgées. Au Québec, elles sont à l'origine de 9 % des visites à l'urgence chez les plus de 65 ans et de 16 000 hospitalisations par année (fractures, traumatismes, etc.). Après une chute traumatique, il n'est pas rare que la personne ait peur de tomber de nouveau et qu'elle devienne moins active. Or, cette inactivité entraîne une plus grande faiblesse, un déconditionnement* et un accroissement des risques d'isolement et de dépression. Les personnes atteintes de TNCM sont plus à risque, car elles analysent moins bien les situations dangereuses. Elles sont souvent placées en hébergement à la suite de chutes répétées avec blessure. Sachez toutefois que 50 % des chutes se produisent à la maison et que plusieurs ajustements peuvent être faits pour limiter les risques.

La marche, une activité toute simple lorsqu'on est en bonne santé, devient plus difficile avec l'âge et, surtout, avec l'apparition de problèmes de santé et de changements cognitifs. Certains effets du vieillissement normal favorisent les chutes :

- Diminution de la sensibilité au niveau des pieds (difficulté à sentir les irrégularités du sol).
- Baisse de l'efficacité des canaux de l'oreille interne, qui donnent des indications sur la position de la tête par rapport au reste du corps, facilitant ainsi le maintien de l'équilibre.
- Baisse de la vue, surtout lorsque l'éclairage est faible.
- Diminution de la force (de 3 à 4 % par année entre 50 et 80 ans).
- Raideur des articulations.
- Ralentissement de la vitesse de réaction en cas de perte d'équilibre.
- Déconditionnement (perte de force musculaire) causé par la sédentarité.

Tous ces éléments augmentent le risque de chuter en cas de trébuchement, de poussée ou de glissade.

Votre proche est tombé, mais il ne semble pas blessé ? Il peut quand même s'agir d'une urgence. En effet, les chutes secondaires à une perte de conscience (syncope*) ou à une maladie aiguë avec ou sans délirium (chutes sentinelles*) sont des urgences médicales et exigent une consultation.

Histoire d'en parler...

Les chutes

À 81 ans, Octavie souffre de la maladie d'Alzheimer à un stade modéré. Elle a récemment été hospitalisée. Une nuit, elle se réveille avec une envie d'uriner. La série de mouvements qui suit exige une analyse sensorielle de l'environnement : Octavie doit reconnaître l'endroit où elle est, coordonner les mouvements de sa tête et de son corps au lever, puis sentir le sol sous ses pieds et générer assez de force pour se lever. Elle doit ensuite explorer l'environnement pour éviter les obstacles. Si elle trébuche ou glisse, elle doit corriger la position de son corps. Une fois arrivée à la salle de bain, elle doit s'asseoir sur la toilette, se relever, puis refaire le parcours inverse.

Cela peut être extrêmement complexe si la vision ou la perception (ce que le cerveau interprète) d'Octavie sont altérées : reconnaît-elle vraiment où elle est, sait-elle dans quelle direction aller, a-t-elle une envie pressante qui la rend très anxieuse (crainte de mouiller le lit) ? Une faiblesse ou des douleurs au dos, aux genoux ou aux épaules empêchent-elles l'extension de ses jambes et de son tronc ou la poussée du lit à l'aide de ses bras ? Parvient-elle facilement à se mettre debout ? Souffre-t-elle de raideurs liées à une maladie de Parkinson ou à de multiples petits AVC ? Une fois debout, est-elle étourdie à cause d'une faible tension artérielle ou simplement parce qu'elle a été alitée trop longtemps ? Ses chaussures ou ses pantoufles sont-elles à proximité ? Maintiennent-elles bien son pied et sa cheville, lui permettant d'éviter de trébucher ou de glisser ? Traîne-t-elle des pieds parce qu'elle se sent raide ou faible, ou simplement par peur de tomber ? Sa pression artérielle est-elle assez bonne pour lui permettre de continuer à avancer ? Risque-t-elle de se précipiter ou de glisser en cas de fuite d'urine ? A-t-elle une aide technique (canne, marchette) ? L'aide technique est-elle à portée de main ? Pense-t-elle à l'utiliser ?

C'est ce que vivent de nombreuses personnes âgées qui souffrent d'atteintes cognitives, surtout lorsqu'elles se trouvent dans un milieu qui ne leur est pas familier. Sans équilibre, tout déplacement devient un défi. La situation est particulièrement difficile à l'hôpital, car la personne ne reconnaît pas son environnement. Elle peut, par exemple, avoir de la difficulté à trouver l'interrupteur pour allumer ou encore trébucher sur une poubelle mal placée. Elle peut aussi être surprise par une faiblesse des membres inférieurs qu'elle n'anticipait pas.

Des solutions

Depuis 2004, on recommande aux équipes de soins de première ligne de mesurer l'état de santé général du patient, mais aussi d'évaluer les facteurs de risque suivants afin de formuler les recommandations nécessaires : capacités motrices (marche et équilibre), médicaments (surtout les anxiolytiques, les somnifères et les antihypertenseurs), environnement domiciliaire, malnutrition, chutes de pression (hypotension orthostatique*), troubles de la vision, consommation d'alcool, etc.

- À la sortie de l'hôpital ou de l'urgence, le patient peut être orienté vers un service ambulatoire de réadaptation (SARCA) pour retrouver ses capacités motrices et son équilibre après une chute.
- Des physiothérapeutes et des kinésiologues pratiquant en clinique privée peuvent aussi créer un programme d'exercices pour le patient ou évaluer le programme existant.

Voici quelques moyens d'aménager l'environnement pour réduire les risques de chute :

- Tentez d'éviter le désordre dans la maison et de ne pas surcharger les passages.
- Aménagez des pièces dégagées et bien éclairées pour permettre à votre proche de se déplacer sans trébucher.
- Installez des veilleuses pour la nuit.
- Évitez les carpettes, les tapis ou les revêtements glissants. Si vous ne pouvez les éviter, prenez soin de les fixer au sol.
- Tentez d'éliminer les effets de reflets.
- Ayez recours à des couleurs contrastantes pour indiquer les obstacles ou en définir les contours et la profondeur.
- Fixez les cordons électriques au mur.
- Adaptez la salle de bain (installation de barres d'appui, ajustement du siège de la toilette, etc.).
- Renseignez-vous auprès d'un professionnel de la santé pour savoir comment éliminer ou réduire les risques de chute ou demandez au CLSC qu'il procède à une évaluation de la sécurité et de l'environnement de votre domicile (la salle de bain, notamment).

Plusieurs compagnies proposent des services d'alerte médicale pour les personnes en perte d'autonomie qui habitent seules. Celles-ci peuvent simplement appuyer sur un bouton d'alarme qu'elles portent sur elles (bracelet ou pendentif) pour obtenir de l'aide rapidement. Ce dispositif est conçu pour détecter les chutes et envoyer de l'aide à domicile même si la personne est incapable d'appuyer sur le bouton.

Lors d'un séjour à l'extérieur ou d'une hospitalisation, il est aussi important d'inspecter l'environnement :

- Évitez de prendre une chambre près d'un escalier ou loin de la salle de bain.
- Apportez de bonnes pantoufles fermées.

- Expliquez à l'entourage (ou au personnel) les habitudes de vie de votre proche.
- Demandez un accompagnement pour les toilettes.

Et à la fin, qu'est-ce que j'en retiens ?

✓ Puisque la maladie d'Alzheimer évolue lentement, tout changement soudain des fonctions cognitives ou du comportement devrait vous alerter.

✓ Si vous remarquez un tel changement, il ne faut pas hésiter à communiquer avec l'infirmière du CLSC ou avec votre médecin. Il est en effet crucial de procéder rapidement à une évaluation afin de trouver et de corriger la ou les causes ayant provoqué l'apparition de cet état.

✓ Le vieillissement normal entraîne bien souvent des changements qui peuvent augmenter les risques de chute. Votre proche y est d'autant plus sujet du fait de ses pertes cognitives. Une analyse de l'environnement de vie s'impose donc afin de limiter le plus possible les risques.

✓ Il est indiqué de faire des exercices physiques adaptés à toutes les étapes de la maladie pour favoriser le bien-être de la personne et réduire les risques de chute.

5

Les objectifs de soins souhaités

Pourquoi nous parle-t-on de niveaux d'intervention médicale (NIM), d'objectifs de soins ou de réanimation cardiaque quand on arrive dans un établissement de santé ?

Avec les avancées technologiques de la médecine, les soins prodigués ont considérablement changé. Il y a 50 ans, les traitements disponibles pour les patients âgés souffrant de maladies du cœur, de cancers ou d'autres pathologies graves étaient très limités. Or, la situation a bien changé depuis.

Ainsi, les patients âgés et fragiles se voient maintenant offrir des techniques dites semi-invasives pour contrôler, entre autres, les douleurs liées à l'angine ou le ralentissement de la fréquence du cœur (respectivement avec un tuteur cardiaque ou *stent*, en anglais, et un stimulateur cardiaque ou *pacemaker*, en anglais) ou encore l'insuffisance rénale (dialyse). Il existe également des chimiothérapies moins toxiques qui peuvent freiner l'évolution de certains cancers. Toutes ces techniques et thérapies visent la survie, mais elles ont leur lot d'effets secondaires. Elles exigent une bonne collaboration, une bonne fidélité au traitement et une présence assidue aux nombreux rendez-vous (prélèvements sanguins ou rencontres médicales). De plus, les informations transmises sont souvent complexes. Votre proche pourra-t-il collaborer à toutes ces interventions s'il opte pour des objectifs de soins qui visent la prolongation de la vie ? Pourrez-vous l'accompagner dans cette démarche ?

Le diagnostic de TNCM doit nécessairement vous amener à réfléchir au niveau de soins souhaité en collaboration avec votre proche et son médecin. Ce choix n'est pas définitif : il peut évoluer avec la progression de la maladie. La majorité de la population privilégie la qualité plutôt que la quantité quand il est question de prolonger la vie. Le concept de qualité de vie varie cependant beaucoup d'un individu, d'une famille ou d'une communauté socioculturelle à l'autre.

Il se peut que votre proche soit atteint de plusieurs maladies et qu'il prenne de nombreux médicaments, mais qu'il n'ait pas pour autant l'impression d'être malade. Lorsqu'ils se sentent bien, les patients oublient maladies et médicaments, à moins qu'un évènement ne les leur rappelle. Ils sont souvent peu conscients de leur déclin cognitif et le minimisent (voir le chapitre 1, à la page 37). Ils nous font remarquer qu'ils ont une excellente mémoire et qu'ils se rappellent très bien leurs souvenirs d'enfance, par exemple.

Plus la maladie neurocognitive progresse, plus la personne a de la difficulté à se projeter dans l'avenir et à comprendre les problèmes qui émergent au quotidien. Elle est plus irritable et moins tolérante face à l'inconfort. Il est important de mener rapidement une réflexion sur les niveaux de soins. Il faut évidemment avoir une bonne compréhension de l'impact de la maladie sur les capacités fonctionnelles et le comportement. Votre proche peut aussi décider de remettre cette décision entre vos mains. Vous le connaissez bien et vous pouvez le guider. Il peut aussi remplir des directives médicales anticipées et y indiquer les soins désirés advenant une maladie neurocognitive avancée.

Comme nous l'avons mentionné dans les pages précédentes, les conséquences du trouble neurocognitif majeur (TNCM) varient selon la cause, l'âge et le stade de la maladie. Il est difficile de prévoir pendant combien de temps encore votre proche pourra conserver son autonomie fonctionnelle et décisionnelle, socialiser avec ses proches et communiquer ses besoins. L'équipe de soins peut cependant essayer d'estimer le rythme du déclin.

L'époque où le médecin dictait une prise en charge ou un traitement sans explications et sans choix ou évitait de parler de l'avenir est bel et bien révolue. Les personnes atteintes de maladies chroniques ont besoin de soins complexes et de longue durée qui sont aujourd'hui prodigués par une équipe formée de plusieurs professionnels et de l'entourage. Votre proche et vous faites partie de cette équipe et vous êtes invités à vous y impliquer dans la mesure de vos capacités.

En cas de maladie aiguë (AVC, pneumonie, etc.) survenant au cours de l'évolution d'un TNCM, l'équipe traitante offrira le traitement qu'elle juge approprié. Elle tentera d'estimer les chances de succès et les risques encourus en tenant compte du stade de la maladie. Si la situation est grave et que l'intervention est agressive et inconfortable, il vous reviendra de l'accepter ou de demander une solution de remplacement en fonction des volontés et de la tolérance de votre proche. Il est possible de solliciter les conseils de l'équipe de gériatrie. Il ne faut pas oublier que l'augmentation remarquable de l'espérance de vie observée au cours des dernières années suppose souvent une prolongation de la vie avec des incapacités, ce qui n'est pas nécessairement acceptable pour tout le monde.

Pour les patients très âgés ou les adultes souffrant d'une maladie chronique grave, la détermination du niveau d'intervention médicale se fait maintenant systématiquement au moment de l'admission à l'hôpital ou au centre d'hébergement et de soins de longue durée (CHSLD). Il est important de faire une mise au point sur la réanimation cardiorespiratoire (RCR), qui fait partie des soins prodigués au niveau d'intervention le plus avancé (niveau A), que nous expliquerons plus loin. La RCR est une technique qui a été développée au début des années 1960 pour traiter le trouble grave du rythme cardiaque qui survient lors d'un infarctus. Cette technique, qui s'appuie sur des décharges électriques et des compressions thoraciques, apparaît souvent dans les émissions télévisées. Dans les scénarios habituellement présentés, l'incident cardiaque est isolé et le personnage survit sans séquelles. La réalité est bien différente, car cette technique est désormais utilisée pour ranimer des personnes qui souffrent d'atteintes graves et multiples.

Ainsi, selon les données compilées sur le succès de la RCR chez les personnes âgées, le pourcentage de congés de l'hôpital après une RCR est de 18 % entre 70 et 80 ans et de 11 % après 90 ans. Par ailleurs, on ne connaît pas le devenir de ces survivants, tant en termes de pronostic à court terme que de qualité de vie.

Des études ont démontré que les patients qui ont des incapacités sévères et qui résident en CHSLD ne survivent que quelques jours aux rares RCR réussies. Il faut comprendre que les aînés sont fragiles et que, même si le cœur reprend son rythme, les traumatismes secondaires au massage thoracique et les dommages causés aux organes internes (surtout au cerveau) par l'arrêt circulatoire entraînent une détérioration marquée de l'état de la personne.

Au fil de notre expérience, nous avons constaté que la plupart des patients très âgés et malades exprimaient le désir de partir paisiblement, sans souffrance, dans leur sommeil. Un décès subit est donc ce qui est généralement souhaité.

Les niveaux d'intervention médicale

Les experts ont établi quatre niveaux d'intervention médicale (ou niveaux de soins) :

Niveau A : prolonger la vie par tous les soins nécessaires (incluant la RCR).

Niveau B : prolonger la vie par des soins plus limités, ce qui inclut les soins intensifs, mais sans RCR ou sans certains soins non souhaités par le patient (assistance respiratoire, dialyse, etc.).

Niveau C : prioriser le confort en traitant, par exemple, les infections et la décompensation des maladies chroniques et en pratiquant des interventions minimalement invasives ou des chirurgies visant à soigner des fractures ou des conditions aiguës ayant un bon pronostic.

Niveau D : assurer uniquement le confort sans viser à prolonger la vie (ne plus traiter les problèmes aigus).

Vous trouvez sans doute ces concepts très vagues, voire abstraits. Rappelons que le niveau de soins choisi peut évoluer à mesure que la maladie progresse. L'histoire clinique de Suzanne illustre bien les divers niveaux de soins.

Histoire d'en parler...

Suzanne

Niveau A

À 77 ans, Suzanne accepte de subir une chirurgie cardiaque pour protéger sa vie par tous les soins nécessaires. Elle est placée sous respirateur et fait un passage aux soins intensifs après qu'on lui a ouvert la cage thoracique. Malgré la médication antidouleur, l'opération entraîne un inconfort qu'elle doit tolérer pour qu'on puisse la sevrer du respirateur. Elle accepte ainsi de s'exposer à un risque non négligeable de complications pouvant nécessiter une RCR. Le délirium de quelques jours qu'elle présente après son opération témoigne de la fragilité de son cerveau. Après quelques mois, toutefois, elle a récupéré et repris une vie active.

Niveau B

À 84 ans, après avoir reçu un diagnostic de TNCM, Suzanne rédige un mandat en cas d'inaptitude* dans lequel elle précise qu'elle ne veut pas d'interventions agressives ou de souffrances inutiles. Elle est alors apte, puisqu'elle en est encore au début de la maladie cognitive. Elle veut limiter les interventions qui visent à allonger la vie et qui risquent fortement d'en réduire la qualité, comme la RCR. Elle a également des doutes sur la pertinence des soins intensifs et redoute surtout d'être placée sous respirateur. Elle précise que, le cas échéant, elle n'accepterait que si la récupération était presque certaine.

Niveau C

Deux ans plus tard, la santé de Suzanne a décliné et ses troubles cognitifs ont progressé. Sa fille mandataire*, qui est très proche d'elle, comprend que sa mère privilégie maintenant le confort et le traitement des conditions facilement réversibles et qu'elle ne souhaite pas être exposée à des souffrances inutiles. Le changement dans le niveau d'intervention a été inscrit au dossier lors d'une visite à l'urgence pour une chute et une insuffisance cardiaque.

Niveau D

Dans les trois dernières semaines de sa vie, Suzanne a été transportée deux fois à l'urgence à cause d'une insuffisance cardiaque. Elle y a reçu des traitements visant à stabiliser sa condition. Sa dernière visite a été provoquée par un AVC qui l'a laissée complètement paralysée du côté gauche. Elle reconnaît cependant toujours sa fille et peut lui communiquer ses besoins et ses inconforts. Elle ne peut plus avaler. La famille doit indiquer au médecin urgentiste à quel stade de la maladie Suzanne se situe et quel est le niveau d'intervention souhaité. Le médecin doit quant à lui expliquer à la famille quels sont les traitements possibles. Les familles des personnes atteintes d'un TNCM sont souvent désemparées quand leur proche décompense d'une maladie tout autre qui a un mauvais pronostic. Il faut penser aux soins de confort lorsque ce genre de situation se présente. En effet, Suzanne a une maladie très grave et elle n'a jamais voulu être alimentée par tube. On peut par ailleurs supposer que le décès surviendra à court terme. Le moment est venu de la transférer aux soins palliatifs, où elle mourra dans les meilleures conditions, entourée de ses proches.

Il vous faudra aborder la question des niveaux d'intervention médicale avec votre proche et avec son médecin de famille ou l'équipe médicale lors d'éventuelles hospitalisations. Il est important d'orienter les équipes de soins, parce que les patients souffrant de TNCM sont hospitalisés plus souvent et plus longtemps, leurs symptômes se présentant souvent de façon atypique. Notons par exemple le délirium, le risque plus élevé de chutes et la difficulté qu'ils éprouvent à rapporter leurs symptômes. Au stade avancé de la maladie, l'utilité relative de la RCR est évidente pour une très grande majorité, mais pas nécessairement pour tous. Il peut aussi y avoir des divergences d'opinions en ce qui concerne les soins intensifs ou les soins de confort.

Il n'est pas nécessairement bon de demander à ce que tout soit fait pour le proche, car ce n'est peut-être pas l'option qu'il aurait lui-même choisie, étant donné l'inconfort et la détérioration de la qualité de vie.

Dans un contexte de soins aigus, il est parfois difficile pour le personnel soignant d'engager la conversation avec les proches sur le niveau de soins souhaité. Certains pensent que l'équipe traitante cache une mauvaise nouvelle ou croit que le patient est beaucoup plus atteint qu'il ne l'est en réalité et qu'elle ne veut plus lui donner les soins nécessaires.

Certaines familles refusent d'aborder le sujet : elles disent que leur parent a peur, qu'il ne veut pas mourir et qu'il faut donc tout faire pour le sauver. D'autres ont du mal à en parler parce qu'elles ne peuvent imaginer la vie sans leur proche. D'autres familles ont des croyances religieuses qui leur interdisent de réduire l'intensité des traitements. Certains proches ne peuvent envisager de perdre un parent qui a tout sacrifié pour qu'ils puissent mener une vie plus facile.

La conversation sur les niveaux de soins doit tenir compte des valeurs du patient et de sa famille, mais également du pronostic et des limites de la médecine. Il ne faut pas hésiter à clarifier les objectifs, à poser des questions et à demander l'aide d'une tierce personne, comme un travailleur social, si on ne comprend pas bien la situation. Les équipes médicales comprennent ce que vous vivez et vous proposent les traitements qu'elles jugent appropriés. Si vous n'êtes pas d'accord, vous pouvez demander à discuter d'autres objectifs de soins. Ce qui est certain, c'est qu'il faut souvent un peu de temps pour saisir tous les éléments rationnels et émotifs d'une situation complexe. Le personnel soignant doit respecter ce besoin de réflexion.

Pourquoi n'ai-je jamais entendu parler des niveaux de soins ?

Au chapitre 4, vous avez vu à quel point l'évaluation médicale complète est complexe. Vous savez que le diagnostic de TNCM est difficile à recevoir. Beaucoup de médecins ne veulent pas aborder les niveaux de soins au moment de l'annonce de la maladie, car il s'agit selon eux d'une épreuve trop dure à surmonter à ce stade. Cela implique en effet de parler de la phase avancée de la maladie, ce que beaucoup de patients redoutent. Cela est donc remis à plus tard. Au rendez-vous de suivi, la situation est encore délicate et les principaux sujets abordés sont les effets des médicaments et l'adaptation au diagnostic. L'équipe de soins est là pour aider à planifier l'avenir de votre proche : n'hésitez pas à la questionner sur les niveaux de soins si cette conversation n'a pas été engagée. Vous serez ainsi mieux préparé advenant une visite à l'urgence ou une hospitalisation.

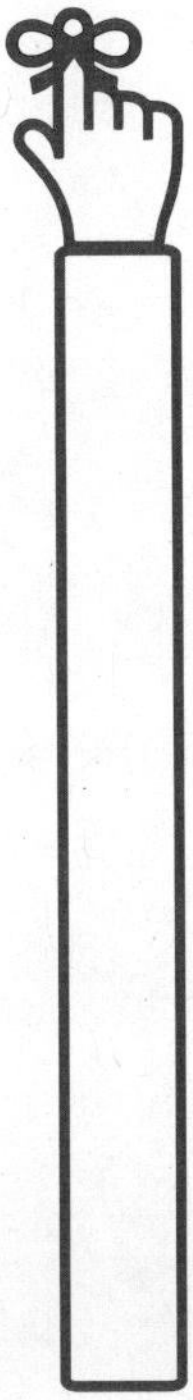

Et à la fin, qu'est-ce que j'en retiens ?

✓ Il est crucial d'engager une conversation individualisée sur les niveaux de soins avec les patients âgés. Celle-ci doit tenir compte des valeurs du patient et de sa famille, mais également du pronostic et des limites de la médecine.

✓ Il ne faut pas hésiter à clarifier les objectifs, à poser des questions et à demander l'aide d'une tierce personne si on ne comprend pas la situation.

✓ Au stade avancé, il est souvent impossible d'offrir des soins très complexes qui demandent une grande collaboration. Les équipes médicales comprennent ce que vous vivez et proposent les traitements qu'elles jugent appropriés.

Partie 2
Intervenir auprès du proche

6

La communication avec le proche

Les difficultés d'expression apparaissent graduellement à mesure que la maladie cognitive évolue. Que ce soit parce que votre proche a oublié ce que vous lui avez dit, qu'il ne trouve plus les bons mots pour se faire comprendre ou qu'il a plus de difficultés à comprendre le sens des phrases, la communication subit des transformations significatives. Des ajustements doivent ainsi être faits afin d'optimiser le confort et la compréhension de chacun.

Les difficultés à s'exprimer et à comprendre l'autre peuvent par ailleurs être à l'origine d'un sentiment de frustration ou de découragement de part et d'autre. Il est important d'être indulgent et respectueux envers vous-même et envers votre proche.

Il est aussi important de maintenir les interactions en prenant soin de s'adapter à ses capacités.

Ce chapitre a pour objet de vous aider à maintenir la communication verbale et non verbale avec un proche atteint d'une maladie cognitive. Il se fonde en grande partie sur les travaux[1] menés par l'équipe de la chercheuse Francine Ducharme.

Voici quelques éléments qui vous aideront à mieux saisir les difficultés de communication avec lesquelles les personnes qui vivent avec un trouble neurocognitif majeur (TNCM) doivent composer.

Quelques certitudes au sujet de la communication

- Comme tout être humain, la personne souhaite communiquer et garder le contact, même si elle perd la notion du langage dont elle a besoin pour le faire... Elle s'exprime par ses comportements.
- Certains mots ou expressions permettent de cultiver l'estime de soi de la personne et de favoriser l'harmonie : « Merci », « J'apprécie vraiment ton aide », « Quel beau sourire », « Bel essai », « Tu es en sécurité avec moi », « Je suis là », etc. N'hésitez pas à les employer pour rassurer et réconforter votre proche.
- La mémoire « affective » de la personne reste longtemps intacte, c'est-à-dire qu'elle peut se souvenir de l'émotion vécue sans se souvenir de l'évènement ayant provoqué l'émotion. Elle peut par exemple devenir agitée en voyant une personne sans se souvenir de l'évènement vécu avec elle.
- Votre proche ressent votre état émotif : il est en quelque sorte votre miroir... Si vous vous énervez, il risque de vous imiter.
- Votre proche est un adulte : évitez de lui parler comme à un enfant.
- Votre proche a des périodes de lucidité : évitez de parler de lui comme s'il n'était pas là, car cela pourrait le blesser.

1. Ducharme, F., Beaudet, L., Ward, J. et Legault, A. (2012). *Programme psychoéducatif offert en début de parcours aux proches aidants d'un parent âgé souffrant de la maladie d'Alzheimer.* Cahier de l'intervenant, 144 pages. Montréal : Chaire Desjardins en soins infirmiers à la personne âgée et à la famille, Université de Montréal.

- Il ne sert à rien d'essayer de « raisonner » votre proche. Il n'a plus la capacité de « raisonner ». Privilégiez plutôt la stratégie de diversion (voir la page 106).
- Il est important de vérifier régulièrement la condition physique (vision, audition, effets secondaires des médicaments, constipation, douleur, etc.) et la condition psychologique (peur, anxiété, chagrin, etc.) de votre proche, car elles peuvent influencer la communication.

Comme nous l'avons mentionné, il ne sert à rien de raisonner ou de confronter une personne atteinte de troubles cognitifs. La démarche de raisonnement est désormais trop complexe pour elle. Votre proche a de la difficulté à comprendre certaines situations, aussi logiques, normales ou légitimes soient-elles. Ainsi, malgré les efforts bienveillants et respectueux que vous déployez pour le convaincre, il peut être convaincu qu'il a raison. La discussion tournera en rond et finira par vous épuiser tous les deux. En dépit de vos bonnes intentions, votre proche peut alors se sentir confus, incompris ou confronté.

Vous avez probablement agi par habitude et par réflexe en tentant de lui expliquer votre point de vue avec des arguments logiques. Après tout, n'est-ce pas ce que la vie en société nous a enseigné à faire ? Cette attitude n'est cependant pas adaptée aux personnes vivant avec un trouble cognitif. Donnez-vous le temps d'intégrer ce changement dans vos façons de faire. Après tout, il s'agit d'un changement de cap radical de vos habitudes de communication.

Les principes clés de l'approche favorisant la communication

Voyons maintenant quelques principes clés permettant d'optimiser la communication avec une personne atteinte d'un TNCM. N'hésitez pas à les faire connaître aux membres de votre famille et de votre entourage afin de les outiller et de faciliter leurs échanges avec votre proche.

Établir une relation de confiance

- Un climat chaleureux peut faire toute la différence dans les échanges.
- Votre proche continue d'éprouver des émotions, même s'il ne les exprime plus comme avant. La mémoire des mots s'efface rapidement, mais la mémoire des émotions demeure très longtemps. On croit même qu'elle est présente dans les tout derniers stades de la maladie cognitive.

Se souvenir des effets de la maladie sur les comportements

- Votre proche perd de plus en plus la mémoire des évènements récents et des connaissances acquises dans le passé. Il répète donc parfois les mêmes mots, expressions ou questions.
- Il oublie les mots, les normes, les façons d'agir, les fonctions des objets, etc.
- Parfois, il ne se rappelle pas où il a rangé les choses, la liste que vous aviez dressée pour lui ; il ne sait plus s'il a payé ses factures et oublie certains rendez-vous qui le concernent.
- Son jugement se modifie et il a plus de difficulté à comparer, à faire des associations (arrêter au feu rouge) ou à résoudre des problèmes (gérer un gros dégât d'eau).
- Il a de la difficulté à partager son attention entre plusieurs activités ou plusieurs personnes (suivre une conversation impliquant plusieurs personnes, par exemple).
- Lire, écrire, compter et écouter lui demandent maintenant plus d'énergie.
- Il met plus de temps à parler ou à répondre à quelqu'un. Il peut utiliser un mot à la place d'un autre. Il fait des gestes quand il ne trouve pas le mot juste. Il emploie des termes généraux comme « l'affaire », la « chose », le « truc », etc.

- À cause des difficultés de communication, il peut sembler plus apathique et moins enthousiaste et avoir tendance à se retirer des conversations.

Chercher le sens des comportements

- Les comportements de votre proche sont le reflet de ses émotions, de ses besoins et de ses tentatives d'adaptation.
- Ils ne sont pas le fruit de la manipulation ou de la malice.
- Ils témoignent des changements qui s'opèrent dans son cerveau et de ses difficultés croissantes à communiquer.

Maintenir la cohérence et la constance

- Faites preuve de cohérence dans vos paroles et vos gestes. À mesure que la maladie évolue, vous devrez vous concentrer sur la communication non verbale (les expressions du visage, le toucher, les gestes, etc.).
- Assurez une certaine constance dans l'environnement humain et physique. Les routines quotidiennes sont importantes, car votre proche a de plus en plus de difficulté à s'adapter. Ainsi, faire toujours les choses de la même façon augmente les chances de rétention et de réussite et diminue le sentiment d'échec.
- Ajustez vos attentes aux capacités de votre proche afin qu'il ne soit pas constamment confronté à l'échec et que vous ne viviez pas continuellement de la déception et de la frustration.

Maintenir l'autonomie le plus longtemps possible

- Les incapacités de votre proche ne s'étendent pas d'un seul coup à tous les domaines.
- Votre proche perd rapidement sa capacité à entreprendre une activité, mais il peut, avec de l'aide, continuer de la pratiquer.

- Adaptez les activités aux capacités actuelles de votre proche et veillez à ce qu'il puisse les pratiquer le plus longtemps possible.
- Misez sur des activités qui s'inscrivent dans les champs d'intérêt ou les habiletés naturelles de votre proche.
- Acceptez que les choses ne soient pas toujours faites parfaitement.

Soyez patient et indulgent envers vous-même. La stratégie de diversion est LA façon par excellence d'éviter les éclats et les conflits.

La stratégie de diversion

La stratégie de diversion[2] permet de détourner l'attention de la personne d'une situation qui provoque chez elle de la frustration, de la colère ou de l'anxiété. Il s'agit ici d'attirer l'attention de votre proche sur un élément positif et, ainsi, de dévier du sujet qui suscitait un malaise.

Vous pouvez par exemple regarder par la fenêtre, attirer l'attention de votre proche sur l'aménagement paysager du voisin d'en face et proposer d'aller le voir de plus près. Vous pouvez aussi prétexter qu'il est l'heure d'aller faire l'épicerie ensemble pour cuisiner son repas préféré. Il ne suffit pas de dire une seule phrase et de partir, mais d'entraîner doucement votre proche vers un autre sujet qui sollicitera son attention ou son intérêt.

Les éléments de diversion privilégiés peuvent aussi être liés à son histoire personnelle. Ainsi, on peut faire diversion en abordant certains sujets (sa famille, ses recettes préférées, les animaux qu'il a eus, son ancien travail, etc.) ou en faisant des actions concrètes (regarder une photo, l'inviter à manger une petite gâterie, plier des vêtements, faire la vaisselle, écouter sa musique préférée, etc.). Les stratégies à utiliser doivent par ailleurs :

2. Extrait et adapté du Portail SCPD du Centre AvantÂge : www.centreavantage.ca

- Être significatives (par exemple, la musique risque de ne pas être efficace si la personne n'a jamais aimé la musique) ;
- Faire appel aux mémoires préservées. Par exemple, une stratégie de diversion utilisant une conversation axée sur un souvenir plus récent (le mariage de sa fille le mois dernier) ne sera sûrement pas aussi efficace qu'un souvenir plus ancien (son propre mariage). Dans la maladie d'Alzheimer, les souvenirs plus anciens sont mieux préservés que les souvenirs récents.

La mémoire rétrograde

La maladie d'Alzheimer a la particularité d'effacer la mémoire de manière rétrograde. Ainsi, ce sont les souvenirs les plus récents qui s'estompent en premier. Cela explique que votre proche puisse réciter un poème appris il y a 60 ans alors qu'il ne se souvient pas de ce qu'il a mangé au déjeuner !

Des moyens concrets pour faciliter la communication

Nous vous proposons ci-dessous des exemples concrets permettant d'appliquer les principes de communication avec votre proche vivant avec des pertes cognitives. Lisez-les et tentez de les intégrer progressivement dans vos échanges quotidiens avec l'être cher. Cela permettra de favoriser un climat harmonieux et apaisant.

- Avant d'adresser la parole à la personne, je m'assure de manifester ma présence en faisant un peu de bruit ou en chantant. Il est toujours préférable de l'approcher par devant.
  › *J'évite ainsi de la faire sursauter.*

- J'élimine les bruits inutiles comme la radio et le téléviseur et j'opte pour un *environnement* tranquille.
  - › *Je capte mieux son attention ainsi.*
- Je bouge lentement et je me place face à elle. Si elle est assise, je m'assieds pour être à sa hauteur. J'établis un contact visuel et un contact physique.
  - › *Je ne commence jamais une conversation dans un climat de précipitation. Je donne le temps à la personne de s'ajuster.*
- Si elle n'a pas envie de m'écouter, je n'insiste pas et je réessaie plus tard.
  - › *Si je m'obstine à continuer, le climat risque de se gâter.*
- Je parle lentement, calmement, doucement et normalement et je garde le contact visuel.
  - › *Si je parle fort et qu'elle ne comprend pas ce que je lui dis, elle peut penser que je suis en colère. Mon langage non verbal est maintenant sa principale référence.*
- Je commence par annoncer le sujet principal de mon message.
  - › *Je capte mieux son attention ainsi.*
- Je ne change pas soudainement de sujet de conversation.
  - › *J'évite ainsi de créer de la confusion.*
- Je ne transmets qu'un seul message à la fois. Je lui parle d'un sujet ou d'une chose à la fois.
  - › *Sa mémoire l'empêche de retenir plusieurs informations en même temps.*
- J'utilise des phrases courtes et des mots simples et j'évite les longues explications.
  - › *Je lui donne ainsi plus de chances de comprendre et de rester concentrée.*
- J'utilise des prénoms et des noms et pas seulement des pronoms personnels comme « il » ou « elle ».
  - › *Ces précisions l'aident à comprendre de qui et de quoi on parle. Cela est plus significatif pour elle.*

- J'utilise des expressions et des mots qu'elle connaît et qui lui sont familiers.
  - › *Je me mets à son niveau, je m'exprime de façon à ce qu'elle me comprenne.*
- Quand cela est possible de le faire, j'utilise des objets liés à l'activité dont je parle. Par exemple, si je veux l'amener à prendre son bain, je lui montre la serviette et son pyjama.
  - › *J'accompagne ce que je dis par des points de repère visuels, le toucher et la démonstration de l'action. Ainsi, je rends le message plus concret et facile à saisir.*
- Je pose à la personne des questions précises, à choix limités et qui demandent des réponses courtes. J'évite les questions qui débutent par « pourquoi » ou « comment ».
  - › *Je la guide ainsi dans ses réponses.*
- Si elle ne comprend pas mon message, pourtant formulé en termes concrets, je répète en utilisant exactement les mêmes mots.
  - › *Je lui laisse le temps de répondre. Si je change les mots de ma question en la reformulant, elle risque de percevoir celle-ci comme une deuxième question. Elle aura donc le double d'information à traiter. Si elle ne comprend toujours pas, je peux reformuler en utilisant des termes plus simples.*
- Mes messages verbaux et non verbaux sont compatibles.
  - › *Si mon humeur est en accord avec mes comportements et mon discours, elle comprendra mieux et sera moins confuse ou inquiète.*
- J'évite les phrases négatives comme « Ne fais pas ça » ou « Je ne veux pas que tu sortes sans ton manteau ». Je les transforme en phrases positives comme « S'il te plaît, viens t'asseoir près de moi » ou « Tiens, voilà ton manteau ».
  - › *En plus de maintenir un bon climat, j'augmente mes chances d'être compris. Quand je dis « Ne fais pas ça », je suppose que la personne à qui je parle sait ce qu'elle doit faire. Or, la capacité de raisonnement diminue à mesure que la maladie progresse. Il est ainsi plus efficace de formuler des messages simples et directs.*

- Je m'abstiens d'interrompre la personne. Je lui laisse le temps de trouver ses mots et de finir ses phrases.
  - › *Je réduis ainsi les risques de frustration. La personne se sent plus respectée et soutenue, car mes actions montrent que j'accorde de l'importance à ce qu'elle tente de me dire.*
- J'essaie d'identifier les mots clés dans ses phrases.
- Je lui démontre de l'intérêt et je manifeste le désir de comprendre.
- Si je ne comprends pas ce qu'elle me dit, je ne fais pas semblant d'avoir compris. J'essaie de comprendre en procédant par élimination. Par exemple, « est-ce un vêtement que tu veux ? » ou « tu veux manger quelque chose ? »
  - › *Je favorise ainsi une relation de confiance.*
- Je lui manifeste mon désir de la comprendre en me montrant sensible à sa difficulté de s'exprimer : « Je sais que c'est difficile pour toi de trouver les mots. Je veux comprendre ce que tu dis. Prends ton temps. Ensemble, on va y arriver. »
  - › *Je me soucie de sa dignité et de son intégrité.*
- Si elle éprouve de la difficulté à lire, à écrire et à compter, je lis à voix haute, j'écris le message pour elle ou je compte avec elle.
  - › *Je l'inclus dans ces activités et je l'assiste pour réduire son anxiété.*
- Si elle pose les mêmes questions ou répète les mêmes histoires, je parle d'autre chose et je poursuis une activité différente avec elle.
  - › *J'évite les discussions qui suscitent l'exaspération.*
- Si elle change de sujet soudainement ou fait des commentaires sans rapport avec la conversation, je la laisse parler de ce nouveau sujet, qui semble l'intéresser.
  - \- *Je n'insiste pas pour revenir au sujet initial.*

La communication non verbale et la stimulation des sens

Votre proche souhaite communiquer, même s'il a de plus en plus de difficulté à utiliser le langage verbal. Ainsi, les mots (verbal) sont progressivement délaissés au profit du contact visuel, des gestes et des mimiques (non verbal). Ceux-ci étant fortement associés à la mémoire dite « affective », ils conserveront leur sens beaucoup plus longtemps pour votre proche.

La stimulation des cinq sens est une autre avenue intéressante à explorer pour favoriser la communication et le partage de moments agréables avec votre proche.

Voici quelques stimuli intéressants : la musique (écoute musicale, pratique d'un instrument), les arômes ou les odeurs plaisantes d'origine naturelle ou artificielle, le toucher (massage des mains, des pieds, du cuir chevelu), la cuisine (permet de stimuler le toucher et l'odorat), la marche en forêt à l'automne (permet de stimuler la vision et l'odorat), etc.

En terminant, rappelez-vous qu'il est impossible de ne pas communiquer : on communique en effet constamment par des mimiques, des regards, des sourires ou des sons !

Et à la fin, qu'est-ce que j'en retiens ?

✓ Comme tout être humain, votre proche souhaite communiquer et garder le contact, même s'il perd la notion du langage dont il a besoin pour le faire... Veillez à adapter vos attentes en fonction de ses capacités.

✓ Il s'exprime davantage par ses comportements : vous devez donc y être attentif et tenter de les comprendre.

✓ Il est important de maintenir la communication avec votre proche en prenant soin de l'adapter à ses capacités actuelles et en tenant compte des principes clés de l'approche favorisant une communication optimale.

✓ Il faut veiller à assurer une cohérence et une constance dans les paroles et les actes.

✓ Le langage non verbal prend de plus en plus d'importance au fil de l'évolution de la maladie, tant sur le plan de l'expression que de la compréhension.

7

Les activités de la vie courante

La maladie d'Alzheimer évolue lentement et progressivement, mais, avec le temps, elle entraîne forcément des difficultés de fonctionnement. Les activités les plus complexes, soit celles de la vie domestique qui requièrent un niveau de rigueur et de précision plus élevé, sont souvent les premières atteintes. Citons notamment la conduite automobile, la gestion des finances, l'exercice des fonctions professionnelles, l'entretien du domicile, la préparation des repas, les emplettes ou la gestion des médicaments. Les activités de la vie quotidienne, qui sont généralement plus simples et que la personne exécute depuis longtemps de façon quasi automatique (manger, assurer son hygiène, utiliser les toilettes, s'habiller, marcher, etc.), sont souvent maîtrisées plus longtemps de façon autonome.

Les activités moins maîtrisées qui comportent plusieurs étapes sont aussi parmi les premières à être touchées : utiliser un ordinateur, programmer un nouveau téléphone, préparer un repas pour plusieurs invités, faire du café avec une nouvelle machine à café, etc. Au fil du temps, la personne aura aussi de la difficulté à exécuter les tâches plus simples.

Voilà pourquoi il est important de souligner les capacités actuelles de la personne et de ne pas insister sur les tâches qu'elle n'est plus capable de faire.

Il est conseillé de laisser votre proche entreprendre ce qu'il est encore capable de réaliser, et ce, même si cela n'est pas aussi bien fait qu'avant, pourvu que sa sécurité ne soit pas compromise. L'important est de garder le cerveau « entraîné », mais sans l'épuiser !

Par ailleurs, en encourageant votre proche à continuer de réaliser certaines tâches, vous l'aidez à se sentir utile. En effet, la maladie cognitive met souvent à rude épreuve l'estime de soi des personnes qui en sont atteintes. Il importe donc de saisir les occasions qui se présentent pour valoriser votre proche.

Imaginez...

Miser sur les capacités résiduelles

Imaginez que vous êtes un marathonien de longue date et que vous vous blessez. Du jour au lendemain, vous vous retrouvez à faire de longues séances... de divan ! Vous risquez évidemment de ressentir de la frustration, mais aussi de perdre les capacités physiques si durement acquises.

Il se peut que vous ayez des sentiments dépressifs ou que vous vous remettiez en question. Vous ne saurez peut-être pas spontanément comment vous adapter à cette nouvelle situation.

Un ami venu vous rendre visite vous rappelle que vous pouvez encore faire de longues marches, parler de votre passion de la course avec votre entourage, donner des conseils, etc.

Bref, ce n'est pas parce qu'on ne peut plus faire exactement ce qu'on avait pris l'habitude de faire qu'on doit absolument cesser tout le reste ! Il faut simplement adapter ses activités à ses capacités actuelles et établir une nouvelle routine.

Pour la personne atteinte d'Alzheimer, c'est un peu la même réalité. Elle est encore capable de faire plein de choses si on mise sur ses capacités résiduelles actuelles et non sur les capacités qu'elle avait avant !

Il faut également tenir compte des habitudes antérieures de votre proche. Par exemple, s'il n'a jamais aimé cuisiner, il ne faut pas s'attendre à ce qu'il le fasse maintenant avec un grand intérêt. L'objectif est de préserver le plus longtemps possible l'autonomie décisionnelle et fonctionnelle de votre proche. Le retrait précoce d'une activité pouvant être perçu comme dévalorisant, voire humiliant, il vaut mieux simplifier les tâches et encourager la personne à continuer de les faire le plus longtemps possible.

Chose certaine, l'environnement immédiat devra éventuellement être adapté pour compenser les difficultés et optimiser l'autonomie. Tôt ou tard, une aide appropriée devra aussi être envisagée. En somme, les personnes atteintes de maladies cognitives peuvent demeurer assez longtemps à domicile si elles bénéficient d'un bon accompagnement et d'un encadrement approprié.

Les questions qui suivent vous aideront à faire le point sur l'autonomie de votre proche au quotidien. Nous vous proposerons par ailleurs des solutions pour vous aider à maintenir ses capacités tout en assurant sa sécurité. Nous aborderons d'abord les activités de la vie domestique, plus complexes, qui, comme vous le savez maintenant, sont atteintes avant les activités de la vie quotidienne. Nous traiterons ensuite des activités de la vie quotidienne.

Les activités de la vie domestique

La conduite automobile

Le maintien de la conduite automobile chez la personne ayant un trouble neurocognitif est un sujet particulièrement important en raison des enjeux de sécurité qui y sont associés. Le sujet est aussi délicat, car la perte du permis de conduire est considérée par plusieurs comme une atteinte à la liberté, à l'autonomie et à l'indépendance.

Le diagnostic de maladie d'Alzheimer ne mène pas automatiquement au retrait du permis de conduire, mais le sujet devra inévitablement être abordé par l'équipe de soins dans la première année suivant l'annonce de la maladie.

L'atteinte cognitive affectant différemment les individus, c'est le professionnel de la santé concerné qui déterminera le moment opportun pour procéder à une évaluation de la conduite automobile. N'oubliez pas : la maladie altère inévitablement le jugement, la capacité d'attention, le temps de réaction et les réflexes du conducteur. Aucun risque ne peut être pris, car il en va de la sécurité de la personne elle-même, de son entourage et des autres citoyens.

Comment préparer l'éventuel retrait du permis

Rappelons d'abord que ce n'est pas le médecin ou le professionnel de la santé qui retire le permis de conduire d'un individu, mais bien la Société de l'assurance automobile du Québec (SAAQ).

- Le médecin est cependant tenu de faire un signalement à la SAAQ si les trois critères suivants s'appliquent :
  - Si, après une évaluation, l'intervenant croit que la personne devrait cesser de conduire de façon temporaire ou permanente ;
  - Si, par ses paroles ou ses actes, la personne manifeste son refus de suivre le conseil de ne pas conduire ;

  - Si l'intervenant croit qu'en continuant de conduire, la personne met en danger sa vie ou celle des autres usagers de la route.
- La SAAQ pourrait décider d'assujettir pour un temps la conduite automobile à certaines conditions : avoir un passager (navigateur) à bord, conduire uniquement sur un trajet spécifique restreint ou en plein jour, etc.
- Il est suggéré de commencer à préparer le retrait éventuel du permis dès l'annonce du diagnostic en réfléchissant à des moyens de déplacement alternatifs (avoir recours à un service de bénévoles, demander aux membres de l'entourage de nous inclure dans leurs déplacements, utiliser le transport collectif, le transport adapté ou le taxi, recourir aux services de livraison qu'offrent de plus en plus de commerces, etc.).
- Il se peut que la capacité d'autocritique et de jugement de votre proche soit atteinte, de sorte qu'il ne réalise pas qu'il peut se placer en situation de danger. La compréhension et l'acceptation de l'arrêt de la conduite peuvent alors devenir plus difficiles.
- Il s'agit d'un réel deuil : il faut donc laisser la personne s'exprimer à ce sujet et lui donner le temps de le vivre pleinement.
- Faites valoir l'économie résultant de la vente de l'automobile ! Mine de rien, la possession d'une voiture est associée à de nombreuses dépenses (frais du permis, immatriculations, frais d'entretien, essence, etc.) qui pourront ainsi être évitées. Cet argent pourra servir à d'autres fins, comme l'utilisation du taxi ou du transport bénévole.
- Faites-vous aider de votre famille et de votre entourage pour soutenir votre proche dans le deuil associé au retrait du permis. Vous n'avez pas à vivre cette étape seul ! Ils auront peut-être aussi des idées à suggérer.

À cause de ses pertes cognitives, il se peut que votre proche oublie qu'il n'a plus l'autorisation de conduire ou qu'il n'en ait pas totalement conscience. Si tel est le cas, vous devrez empêcher votre proche d'avoir accès à la voiture, même s'il insiste. Voici quelques petits trucs pour vous aider :

- Stationnez la voiture dans le garage, dans la rue ou chez un ami si le simple fait de voir la voiture lui rappelle l'existence de cette possibilité et le rend agité.
- Prétextez que la voiture est en réparation au garage ou qu'une pièce manque.
- Enlevez les bougies d'allumage ou trouvez un autre moyen de rendre la voiture non fonctionnelle.
- Retirez les clés de la voiture des trousseaux de clés.
- Si votre proche répète qu'il a « toute sa tête » et qu'il peut encore conduire, vous pouvez prétexter sa baisse de vision ou ses limitations physiques ou dire que la loi est plus stricte pour les conducteurs âgés ayant des problèmes de santé. Certaines personnes acceptent mieux qu'on limite leur autonomie pour des raisons physiques plutôt que cognitives.

La gestion des finances

Votre proche peut-il faire des transactions bancaires seul et de manière sécuritaire ? Peut-il retenir un numéro d'identification personnel (NIP) ? Est-il capable de calculer la monnaie lorsqu'il paie à la caisse ? Paie-t-il son loyer et ses comptes à temps ? Y a-t-il des gens en qui vous n'avez pas confiance autour de lui ? Risque-t-il de se faire escroquer sur le plan financier ?

Des solutions

- Les difficultés cognitives (perte de mémoire, difficulté d'organisation, difficulté de compréhension, etc.) progressent avec la maladie. Elles auront tôt ou tard un impact sur la capacité de votre proche à gérer ses affaires personnelles et financières. Peut-être vous demandera-t-il spontanément votre aide ? Vous pourrez ainsi l'accompagner dans la poursuite de cette tâche complexe.
- Les personnes ayant des pertes de mémoire n'en sont cependant pas toujours conscientes. Elles ne réalisent pas toujours qu'elles

risquent de perdre de l'argent ou de devoir payer des frais additionnels. Il faut parfois jouer au détective et rechercher les erreurs ou les irrégularités dans les relevés de comptes de la personne.

- Vous pouvez demander l'aide d'un travailleur social du CLSC. Il est aussi important de vérifier, le plus tôt possible, que les documents légaux (testament, procuration bancaire, mandat en cas d'inaptitude, etc.) ont été rédigés afin d'éviter des obstacles sérieux lorsqu'il s'agira de procéder à des transactions plus importantes comme la vente d'une propriété ou d'une voiture ou encore la gestion de placements (voir le chapitre 10, à la page 173).

Les tâches domestiques : préparation des repas et entretien ménager

Votre proche peut-il entretenir son domicile comme avant ? Peut-il préparer ses repas ? Pense-t-il à éteindre la cuisinière ? Y a-t-il des aliments avariés dans son réfrigérateur ? Comment faciliter l'exécution des tâches domestiques ? Peut-il les faire de façon sécuritaire ?

Des solutions pour la préparation des repas

- Encouragez votre proche à cuisiner les plats qu'il a l'habitude de faire en ayant la recette écrite à portée de main.
- Laissez-lui des instructions sur les appareils qu'il utilise couramment (four à micro-ondes, cafetière, cuisinière, etc.). Retirez ceux qu'il n'utilise pas pour limiter les possibilités de confusion.
- Tentez d'organiser la cuisine pour que les ustensiles nécessaires à la préparation d'un repas soient bien en évidence.
- Laissez-lui des notes pour lui rappeler d'éteindre les appareils ou privilégiez les appareils à interruption automatique.
- Envisagez d'installer des mécanismes dotés d'une minuterie pour éteindre une cuisinière qui reste allumée trop longtemps. Le service d'ergothérapie de votre CLSC pourra vous renseigner davantage à cet égard.

- Cuisinez pour et avec votre proche ! Il est toujours plus agréable de cuisiner en bonne compagnie.
- Ayez recours à des services de livraison de repas à domicile de type « popote roulante ». Les repas proposés sont équilibrés et complets et peuvent être livrés plusieurs fois par semaine pour un coût abordable. Par ailleurs, de plus en plus de supermarchés ont une section de « prêt-à-manger » et offrent la livraison.

Des solutions pour l'entretien ménager

- Affichez des instructions simples sur les appareils ou à côté de ceux-ci.
- Affichez un horaire ou une liste de choses à faire dans un endroit bien en vue et encouragez votre proche à maintenir une routine établie.
- Simplifiez les tâches à accomplir (divisez la tâche en étapes ; faites une étape à la fois).
- Étiquetez les produits et articles selon leur utilisation ou utilisez des couleurs contrastantes pour que les instructions soient faciles à comprendre.
- Rangez les articles de nettoyage ensemble, loin des produits alimentaires.
- Mettez sous clé les articles qui pourraient être dangereux ou débarrassez-vous-en.
- Faites les activités d'entretien ménager avec votre proche.

La gestion de la médication

Votre proche prend-il ses médicaments ? Les prend-il de la bonne façon ? Oublie-t-il qu'il les a pris ou les prend-il en double ? Les médicaments qu'il prend sont-ils tous encore réellement nécessaires ? Y a-t-il des médicaments qui nuisent à sa mémoire ? Y a-t-il moyen de diminuer les prises à une ou deux fois plutôt que trois ou quatre fois par jour ?

Des solutions

- Les personnes âgées prennent parfois plusieurs médicaments, souvent à plusieurs moments au cours d'une même journée. La personne dont la mémoire décline peut avoir de la difficulté à se souvenir si elle a déjà pris ses médicaments avec le dernier repas. Les pharmacies peuvent maintenant donner les médicaments dans un pilulier de type hebdomadaire (Dosett^{MD}) ou un Dispill^{MD} (dispositifs les plus connus et utilisés au Québec) si le patient a une prescription à cet effet. Informez-vous auprès de l'équipe de soins ou du pharmacien si cela vous inquiète.
- En vieillissant, le métabolisme change. Ainsi, il se peut que les médicaments que la personne prend depuis longtemps soient maintenant trop « forts » pour elle ou même qu'ils ne soient plus nécessaires. Aussi, certains médicaments peuvent annuler l'effet du médicament pris pour la mémoire ou agir « contre » la mémoire. Parlez-en à votre pharmacien ou à votre médecin lors de votre prochaine visite médicale. Il est très important de ne jamais cesser ou modifier la médication par vous-même sans avoir d'abord obtenu l'autorisation médicale.
- Dans certains cas, il est possible de réduire le nombre de prises de médicaments dans une même journée. Cela permet de réduire le risque d'oubli et de simplifier le quotidien.
- De plus en plus de pharmacies proposent un service quotidien de livraison de médicaments, ce qui peut être utile dans certains cas. Certains CLSC offrent également un service de surveillance de la médication qui implique la visite régulière d'un intervenant.

Les activités de la vie quotidienne

L'alimentation

Votre proche s'alimente-t-il suffisamment ? Oublie-t-il de manger ? A-t-il de la difficulté à utiliser les ustensiles appropriés aux différents aliments ? Tousse-t-il après avoir pris une boisson ou certains aliments ? Perd-il du poids ? La surveillance du poids est un bon indice de la quantité d'aliments consommés.

Des solutions

- Comme nous l'avons mentionné au chapitre 2 (voir la page 49), les symptômes de la maladie prédisposent à la dénutrition (réduction de la qualité alimentaire, perte d'appétit et perte de poids). Pesez votre proche régulièrement et, en cas de perte de poids inexpliquée, avisez-en le médecin. Une consultation en nutrition peut aussi être demandée advenant des problèmes fréquents de déglutition ou de toux pendant les repas ou encore une perte de poids significative non compensée.
- Veillez à ce qu'une épicerie soit faite régulièrement (rappels, rédaction d'une liste d'articles, accompagnement, etc.) et que votre proche ait accès à des aliments faciles à consommer ou à préparer.
- Surveillez le contenu du réfrigérateur lors de vos visites pour vous assurer qu'il y a un roulement des aliments et que ceux qui s'y trouvent ne sont pas périmés.
- Installez des notes dans la cuisine pour remémorer à votre proche de manger et tentez de faire des rappels fréquents au moment des repas.
- Si votre proche semble avoir peu d'appétit, offrez-lui fréquemment des petites portions ou des collations nutritives. Il se peut que cela lui convienne mieux que la formule classique des trois gros repas quotidiens.

- Si votre réseau de soutien ne permet pas une présence régulière, adressez-vous au CLSC pour savoir s'il offre un service d'auxiliaire familial. Un intervenant du CLSC peut ainsi passer à quelques reprises au cours de la semaine pour veiller à ce que votre proche n'oublie pas de s'alimenter, qu'il le fasse suffisamment et qu'il réchauffe les plats au besoin.

Histoire d'en parler...

Pierre et Nadine

Il y a deux ans, Pierre a reçu un diagnostic d'Alzheimer. Il habite seul dans son condo. Sa fille Nadine lui rend visite deux fois par semaine. Depuis peu, Nadine s'inquiète, car elle a remarqué que son père avait perdu du poids. Elle note également qu'il ne se fait plus à manger aussi régulièrement, car il ne se souvient plus comment utiliser les multiples options du four à micro-ondes. Après en avoir discuté avec l'intervenant du CLSC, elle décide de recourir au service de livraison de repas cinq jours sur sept. Les repas sont livrés déjà chauds et Pierre peut souvent avoir deux portions à même chaque plat. De plus, Nadine a décidé qu'elle le visiterait maintenant trois fois par semaine et qu'elle viendrait le plus possible à l'heure des repas. Elle a en effet observé que son père mange avec plus d'appétit quand il n'est pas seul. À la demande de Nadine, la sœur de Pierre viendra aussi plus régulièrement manger avec lui. Elle a aussi remplacé l'ancien four à micro-ondes par un modèle beaucoup plus simple d'utilisation et collé sur la porte un rappel des instructions.

- Il n'est pas rare que les personnes atteintes de la maladie d'Alzheimer oublient de manger ou qu'elles s'alimentent moins quand elles sont seules. Tentez de faire en sorte que votre proche prenne au moins un repas par jour en compagnie de quelqu'un. Manger est un acte social et, bien souvent, un repas est plus agréable lorsqu'il est partagé.

- Si vous ne pouvez pas vous déplacer, téléphonez à votre proche pour lui rappeler qu'un bon plat qui ne demande qu'à être réchauffé l'attend dans le frigo.
- Privilégiez les appareils simples d'utilisation ou placez des instructions claires à portée de main.

L'hygiène et l'élimination

Votre proche peut-il prendre son bain ou sa douche seul et de façon sécuritaire ? La salle de bain est-elle adaptée à ses limitations ? Son hygiène est-elle adéquate ? Constatez-vous une diminution dans son niveau d'hygiène ? Qu'en est-il de l'hygiène dentaire ? Votre proche dégage-t-il de mauvaises odeurs ? Ses draps, les fauteuils, ses sous-vêtements ou ses autres vêtements sont-ils souillés ? Semble-t-il avoir des problèmes de continence urinaire ou fécale ?

Imaginez...

Un moment de détente... tendu !

Imaginez que vous êtes dans la salle de bain et que vous n'arrivez plus à vous souvenir comment contrôler l'eau chaude et l'eau froide à partir du robinet. Vous n'arrivez plus non plus à différencier le shampoing du savon pour le corps. Les multiples bouteilles qui bordent le bain sont couvertes de petits caractères difficiles à déchiffrer. Enfin, vous avez oublié que vous deviez prendre une débarbouillette et une serviette dans le tiroir de la salle de lavage AVANT de prendre votre douche. Pas très agréable comme « moment de détente », n'est-ce pas ?

Ce qui peut nous paraître si simple et si évident ne l'est pas nécessairement pour la personne atteinte de la maladie d'Alzheimer. Avec la maladie, la personne peut perdre la notion de l'hygiène corporelle ou ne plus avoir l'initiative d'entreprendre cette activité. Ainsi, il se peut que des rappels ou un encadrement deviennent nécessaires.

Des solutions

- Il est recommandé de veiller à ce que les accessoires de toilette soient facilement reconnaissables et accessibles. Ainsi, il est conseillé d'identifier les bouteilles avec des étiquettes visibles et claires (« shampoing pour laver les cheveux », par exemple), de réaménager la salle de bain en plaçant les serviettes propres près du bain et du lavabo et d'identifier l'emplacement et le fonctionnement de l'eau chaude et l'eau froide sur le robinet. Sachez aussi qu'il existe des mécanismes permettant de bloquer la température de l'eau à un degré sécuritaire.
- En ce qui a trait à l'utilisation de la toilette et de la salle de bain :
  - Placez sur la porte de la salle de bain une affiche portant un symbole familier ou facilement identifiable ;
  - Retirez de la salle de bain les éléments qui pourraient être confondus avec d'autres (la poubelle à côté de la toilette, par exemple) ;
  - Colorez l'eau de la toilette en bleu ou utilisez des couleurs contrastantes pour le siège de toilette afin d'éviter que de l'urine ne tombe sur le siège (l'emploi de couleurs aide les hommes à diriger le jet d'urine) ;
  - Veillez à ce que la salle de bain soit bien éclairée. Gardez la lumière de la pièce allumée pendant la nuit ou installez-y une veilleuse ;
  - Assurez-vous que votre proche va uriner immédiatement avant d'aller au lit.
- Les personnes atteintes de troubles cognitifs en viennent parfois à oublier la notion d'hygiène. Elles oublient de se laver ou croient s'être déjà lavées peu de temps auparavant. Il faut parfois user

de ruse pour les convaincre de prendre leur douche ou leur bain. Voici quelques astuces :

› Prétextez une sortie spéciale ou la visite imminente de membres de la parenté pour le convaincre de « se mettre beau » ;
  - Proposez un moment de détente avec un scénario invitant : bain moussant avec chandelles, musique douce, huiles essentielles, massage des pieds, etc. ;
  - Prétextez un rendez-vous spécial (manucure/pédicure ou rendez-vous médical) pour le convaincre de se laver ;
  - Dites-lui qu'il est temps de faire le lavage : « Mets ton pyjama après avoir pris ton bain et je m'occupe de faire la brassée ! »

- Si votre proche souffre d'incontinence urinaire ou fécale, informez-en le personnel à la prochaine évaluation médicale. Celui-ci cherchera à identifier la cause en vue d'intervenir si celle-ci est réversible (effets secondaires de médicaments, problème de prostate, infection urinaire, vessie hyperactive, importante prise de liquide en soirée, prise d'aliments diurétiques, etc.).
- Si les incontinences perdurent ou qu'elles peuvent difficilement être contrôlées, veillez à rappeler régulièrement à votre proche d'utiliser la salle de bain ou envisagez le recours à des aides techniques (chaise d'aisance, urinal) ou aux culottes d'aisance vendues en pharmacie.
- Il existe aujourd'hui de nombreuses aides techniques permettant de sécuriser l'environnement de la salle de bain (barres d'appui au mur ou fixées sur le rebord de la baignoire, siège de toilette surélevé à hauteur ajustable, banc pour le bain ou la douche, etc.). L'évaluation en ergothérapie offerte par le CLSC permet d'optimiser la sécurité et l'aspect fonctionnel de cette pièce.
- Le CLSC peut aussi offrir un service d'aide au bain/douche. Si votre proche présente de l'incontinence, on vous offrira des visites une à deux fois par semaine pour le bain ou la douche et une assistance pour une toilette au lavabo les autres jours.

L'habillement

Votre proche est-il capable de s'habiller seul ? Choisit-il des vêtements adéquats ?

Des solutions

- Afin de faciliter le choix de vêtements adaptés à la saison, veillez à conserver uniquement des vêtements adéquats à portée de main. Évitez de garder trop de vêtements, car cela pourrait provoquer de la confusion.
- Identifiez le contenu des tiroirs en y apposant des étiquettes. Ne vous offusquez pas d'un agencement de vêtements moins heureux : il vaut mieux privilégier le confort et éviter de vexer votre proche.
- Évitez les vêtements difficiles à enfiler ou qui ont de nombreux boutons. L'apraxie, l'un des symptômes des maladies cognitives, rend la coordination motrice difficile.
- Laissez une chaise sans roulettes près du garde-robe pour faciliter la manipulation des vêtements ou pour y laisser les vêtements de nuit.
- Au besoin, faites des rappels à votre proche concernant la lessive à faire et offrez-lui votre aide. N'oubliez pas qu'il n'est peut-être plus en mesure de faire fonctionner la machine à laver en raison de ses atteintes cognitives.

Les déplacements

Votre proche peut-il se déplacer seul sans s'égarer ? Connaît-il son adresse ou saurait-il se retrouver s'il s'égarait ? Est-il capable de bien s'orienter dans la maison ?

Des solutions

- La Société Alzheimer offre un outil intéressant pour gérer les problèmes liés à la désorientation spatiale qui s'installe avec le temps chez les patients atteints de la maladie d'Alzheimer. Il s'agit d'un bracelet discret sur lequel figurent la mention « Perte de mémoire, appelez la police » et un numéro d'identification personnel (voir la section « Ressources », à la page 211).

- Les GPS ne sont pas encore tous au point et nécessitent un investissement financier significatif.

Voici quelques trucs auxquels vous pouvez recourir pour éviter à votre proche de se perdre en quittant la maison ou d'être désorienté :

- Installez des serrures aux portes et aux fenêtres à des endroits invisibles ou inhabituels pour empêcher les sorties imprévues (haut des portes ou au-dessus de la ligne de vision normale. Attention ! Ce conseil ne s'applique pas aux gens vivant seuls) ;
- Recourez à des couleurs contrastantes ou à des recouvrements pour camoufler les serrures ;
- Installez une cloche qui indique quand la porte s'ouvre ou se ferme ;
- Veillez à ce que votre proche ait toujours sur lui une pièce d'identité sur laquelle figurent son adresse et son numéro de téléphone ;
- Placez un nom, une image significative ou une décoration sur la porte d'entrée de la maison ou de l'appartement pour qu'il reconnaisse l'endroit au retour.

Voici quelques trucs auxquels vous pouvez recourir si votre proche est désorienté ou qu'il a tendance à s'égarer dans la maison :

- Installez des veilleuses ;
- Posez des affiches ou des illustrations pour lui indiquer la direction à prendre pour aller à tel ou tel endroit ;
- Fermez les portes des pièces pour limiter la confusion ;
- Enlevez les objets qui ressemblent à autre chose ou qui peuvent créer de la confusion (la poubelle à côté de la toilette, par exemple) ;
- Réduisez au minimum les reflets et la lumière éblouissante.

Voici quelques trucs auxquels vous pouvez recourir si votre proche se lève ou qu'il est désorienté durant la nuit :

- Placez une lampe tactile à côté de son lit ;
- Installez une veilleuse dans sa chambre ;
- Achetez une horloge numérique ayant des chiffres lumineux qu'on peut voir dans l'obscurité ;
- Installez dans sa chambre un tableau d'affichage sur lequel figurent des instructions l'aidant à s'orienter (endroit où il se trouve, heure jusqu'à laquelle il doit demeurer au lit) ;
- Placez des photos, des livres ou des revues à côté de son lit pour l'encourager à s'adonner à une activité apaisante ;
- Orientez-le verbalement dans le temps et l'espace.

La sécurité

Votre proche peut-il rester seul à la maison ? Est-il conscient des risques ? Son jugement est-il atteint ? Comment réagirait-il en situation d'urgence ? Pourrait-il utiliser le téléphone correctement en cas de malaise ou évacuer en cas d'incendie ? Votre proche fume-t-il la cigarette ? Êtes-vous inquiet des risques d'incendie ?

Des solutions

- Si votre proche fume et vit seul, sachez qu'il est très difficile d'éliminer complètement le risque de feu secondaire à l'oubli d'une cigarette allumée. L'idéal est d'accompagner votre proche dans la cessation tabagique (parlez-en à l'équipe médicale, car le sevrage de nicotine doit préférablement être géré) ou de diminuer graduellement l'accès à des cigarettes. La personne peut aussi tout simplement oublier qu'elle fume à un certain stade de la maladie, ce qui rend l'arrêt plus facile.
- La décision de laisser le proche seul à la maison dépend des personnes et des contextes. Votre proche peut rester seul pendant quelques heures s'il n'est pas anxieux en votre absence, qu'il ne cherche pas

à sortir de la maison et qu'il ne présente pas de comportements à risque (équilibre précaire, tendance à sortir et à vouloir prendre la voiture, etc.). Il se peut cependant aussi qu'il ait de la difficulté à rester seul dans une pièce, et ce, même en votre présence (il peut même en arriver à vous suivre à la trace).

- Avec le temps, il se peut qu'il devienne moins sécuritaire de laisser votre proche seul pendant plusieurs heures. Son sens du jugement et de l'autocritique étant atteint, il peut se placer dans des situations dangereuses sans s'en rendre compte. Rappelons aussi que les personnes atteintes de maladies cognitives ont tendance à errer.
- Il est important d'adapter le domicile afin que celui-ci présente le moins de risques possible pour votre proche. Parmi les risques possibles, citons ceux associés à l'oubli d'éteindre la cuisinière, à l'ajustement de la température de l'eau ou à l'utilisation de la salle de bain ou des électroménagers. Informez-vous auprès de votre professionnel de la santé pour connaître les adaptations possibles.
- Vous pouvez aussi contacter votre CLSC afin de connaître les services qui pourraient vous être utiles. Plusieurs CLSC offrent un service d'accompagnement-répit dans le cadre duquel une personne formée par l'établissement vient à domicile quelques heures par semaine pour offrir une présence-surveillance.
- Pourquoi ne pas solliciter des personnes de confiance qui font partie de votre entourage ? Elles pourraient être heureuses de vous soutenir en venant passer quelques heures avec votre proche.
- Avec l'évolution de la maladie, votre proche aura inévitablement besoin d'une supervision de plus en plus étroite. Celle-ci vise essentiellement à assurer son confort et à veiller à sa sécurité.

Votre proche peut-il voyager ?

Si votre proche a toujours été un grand voyageur, il peut être intéressant d'envisager de voyager avec lui. Vous trouverez ci-dessous quelques trucs qui vous faciliteront la vie.

- Tentez de respecter autant que possible la routine habituelle de votre proche pour diminuer le risque de confusion. Rappelez-vous qu'il lui faut plus de temps et qu'il doit déployer davantage d'efforts pour s'adapter à un nouvel environnement et développer de nouveaux repères.
- Soyez conscient que votre proche se fatigue plus rapidement. Prévoyez donc des déplacements plus courts (vols directs) et des pauses plus fréquentes, quitte à prendre plus de temps pour vous rendre à destination.
- S'il s'agit d'un voyage de groupe, il peut être utile d'aviser la personne responsable et vos compagnons de voyage plus familiers des difficultés cognitives dont souffre votre proche. Ils pourront ainsi assurer eux aussi une surveillance bienveillante.
- Si vous voyagez en avion ou en autobus voyageur, informez les employés des besoins particuliers de votre proche. Il peut en effet être intéressant d'avoir accès à un embarquement prioritaire ou de pouvoir choisir des sièges près de la sortie ou de la salle de bain.
- Faites des copies des papiers d'identité de votre proche et gardez-les en votre possession si possible. Assurez-vous aussi d'avoir sur vous une photo récente de votre proche.

Et à la fin, qu'est-ce que j'en retiens ?

✓ Les activités les plus complexes sont les premières atteintes.

✓ Il est primordial d'accorder de l'importance aux capacités actuelles de la personne et de ne pas insister sur les tâches qu'elle n'est plus capable de faire.

✓ L'objectif est de préserver le plus longtemps possible l'autonomie décisionnelle et fonctionnelle de votre proche (et donc de conserver le plus possible ses habitudes) tout en gardant en tête la notion de sécurité.

✓ Rappelez-vous qu'il vaut mieux privilégier l'autonomie à la perfection. Ainsi, si la personne est capable de réaliser une tâche de façon sécuritaire et acceptable, il faut l'encourager à continuer. Il en va de la préservation de son estime personnelle, qui, souvent, se fragilise avec la progression de la maladie.

✓ Il existe de nombreuses façons de compenser les déficits de votre proche et de favoriser son maintien à domicile le plus longtemps possible. N'hésitez pas à demander l'aide de votre équipe de professionnels de la santé et de votre CLSC.

✓ Une personne atteinte de limitations cognitives peut vivre relativement longtemps chez elle, à condition qu'elle soit encadrée et supervisée adéquatement et qu'on veille à sa sécurité.

8

Les symptômes psychocomportementaux associés à la maladie neurocognitive

Les symptômes comportementaux et psychologiques de la maladie neurocognitive majeure (SCP-TNCM) sont généralement une source importante de stress pour les proches aidants. Il est essentiel d'en parler pour mieux les comprendre et les contrôler.

Quelle est l'évolution classique des troubles du comportement dans la maladie d'Alzheimer ?

Les troubles du comportement peuvent précéder les troubles de la mémoire. Au début de la maladie, votre proche peut être déprimé, car il est conscient de ce qui lui arrive, ou devenir anxieux face à ce qui l'attend. L'apathie, que nous décrirons plus loin, peut accompagner toutes les phases de la maladie.

Votre proche a des comportements qui ressemblent à ceux de l'amnésique : il se répète, oublie ce qu'on attend de lui, s'épuise à chercher ce qu'il a lui-même déplacé et se demande qui prend les objets qu'il égare. Il devient anosognosique de ses troubles de mémoire, comme nous l'expliquions au chapitre 2 (voir la page 37). S'il a en plus un trouble de la perception, il reconnaît difficilement ce qu'il a devant lui. Il croit s'être lavé, avoir changé de vêtements ou avoir mangé alors que ce n'est pas le cas. Il a plus de difficulté à exprimer ses idées. Les mécanismes qui lui permettent de gérer ses pulsions pour être aimé et ne pas blesser les autres sont aussi moins efficaces. C'est ce qu'on appelle la désinhibition. L'ensemble de ces expériences et l'incapacité de contrôler ses émotions vont l'agiter.

Dans la phase modérée à sévère, il peut devenir plus agité ou très apathique, tant verbalement que physiquement. Il peut aussi devenir encore plus désinhibé, se désorganiser, ne plus avoir d'horaire et développer des délires et des hallucinations.

Rassurez-vous : la plupart des comportements mentionnés ci-dessus peuvent être contrôlés en utilisant les stratégies qui suivent et en faisant preuve de tolérance.

Les troubles comportementaux légers

Des troubles comportementaux légers peuvent précéder le trouble cognitif. Il s'agit bien sûr de comportements nouveaux qui ne sont pas liés à un trouble psychiatrique ou physique dont la personne souffre depuis longtemps.

On peut citer comme exemples les comportements suivants : diminution de la motivation et des champs d'intérêt, troubles de l'humeur et anxiété, impulsivité (agir sans réfléchir aux conséquences), désinhibition (faire ce qui ne se fait pas), oubli des règles de conduite en société, idées paranoïdes*, etc. Ces symptômes, d'abord discrets, peuvent devenir envahissants à mesure que la maladie progresse et que les troubles cognitifs deviennent apparents.

Si votre proche a toujours eu des comportements particuliers, cela risque de teinter sa maladie cognitive.

Les comportements les plus fréquemment rencontrés en début de maladie sont la dépression et l'apathie. Attention de ne pas les confondre !

La dépression

La dépression est fréquente chez les personnes souffrant de troubles cognitifs légers, surtout chez les femmes. Elle se manifeste par un sentiment de tristesse, une perte de plaisir, la sensation d'échec et l'impression d'être un poids pour la famille. Le sommeil et l'appétit peuvent être perturbés. La personne qui en souffre peut devenir préoccupée à l'excès face au moindre symptôme physique. Elle est moins active et sa mémoire est moins bonne : elle répond fréquemment « Je ne sais pas » aux questions qu'on lui pose.

L'apathie

Près de la moitié des personnes atteintes souffrent d'apathie. L'apathie se caractérise par une baisse ou une perte de la motivation touchant le comportement, les pensées et les émotions. Elle semble plus fréquente chez les hommes. Les personnes qui en souffrent ne témoignent plus d'intérêt à faire leurs activités ou à amorcer une conversation. Elles ont moins d'émotions et manifestent moins leur affection. Ultimement, en fin de maladie, elles n'ont plus d'intérêt pour quoi que ce soit.

Il est important de distinguer ces deux états. En effet, alors qu'on prescrit des médicaments antidépresseurs aux personnes souffrant de dépression, celles qui présentent de l'apathie répondent mieux à une approche comportementale, aux anticholinesthérasiques utilisés pour stabiliser la mémoire ou, exceptionnellement, à un médicament psychostimulant comme le méthylphénidate (Ritalin^{MD}). Vous trouverez ci-dessous deux histoires qui concernent des personnes qui en sont aux premiers stades d'un trouble neurocognitif majeur (TNCM) : l'une illustre l'apathie et l'autre, un épisode dépressif classique.

Histoire d'en parler...

Léopold n'est pas très actif

À la recommandation de son médecin de famille, Léopold consulte en clinique de gériatrie pour un trouble de l'humeur. Il a changé depuis le décès de sa femme, survenu il y a deux ans. Son fils craint une dépression. Léopold a perdu du poids et il n'est pas très actif. Son appartement est en désordre. Son fils lui a proposé d'emménager dans une « belle résidence ». Léopold s'oppose et refuse d'en parler, insensible au désarroi de son fils.

Léopold avoue avoir été très attristé par le décès de sa femme, qui souffrait de la maladie d'Alzheimer. Il la visitait chaque jour au CHSLD. Il est aussi peiné depuis qu'il a perdu son permis de conduire. Il dit cependant qu'il accepte son sort et qu'il trouve que son fils s'inquiète pour rien.

Quand il raconte une de ses journées types, on réalise qu'il fait peu de choses. Il aime regarder les gens dans la rue, écouter des reportages animaliers à la télévision et faire la sieste. Quand on lui propose de fréquenter le centre de jour, il prétexte que les personnes âgées ne l'intéressent pas, qu'il a beaucoup socialisé dans sa vie et que, de toute façon, il n'arriverait jamais à être prêt avant midi pour profiter du service de transport. Aussi, il ne prend qu'un véritable repas par jour, ce qu'il croit être une bonne chose, car il est obèse. Il ajoute que personne ne le fera déménager dans une résidence tant qu'il tiendra encore debout.

Le résultat du questionnaire utilisé pour le dépistage de la dépression s'avère négatif. Aux tests cognitifs, on constate qu'il réfléchit au ralenti et que sa mémoire est nettement déficitaire. On tente un traitement aux anticholinestérasiques, une classe de médicaments qu'on utilise dans le traitement de la maladie d'Alzheimer.

Lors de la visite de suivi, on constate une progression : Léopold accepte désormais de sortir marcher avec son fils et de recevoir les services de la popote roulante. Il maintient par ailleurs un poids stable. Le fils respecte la volonté du père de rester dans son logement et d'y écouler ses jours en paix. Il décide de veiller à ce qu'il n'y ait pas d'autonégligence et de pallier les conséquences de l'apathie de son père en faisant appel aux services du CLSC.

Jeannette est dépressive

Jeannette, une femme de 74 ans, se présente en clinique de gériatrie avec sa fille. Elle vient consulter pour un trouble de l'humeur.

Ses soucis affectifs sont nettement à l'avant-plan. Elle se plaint que son mari l'abandonne et passe ses journées au golf. Elle ajoute qu'il ne s'occupe pas d'elle et ne la trouve « plus bonne à rien ». Elle téléphone à répétition à ses quatre filles pour s'en plaindre. Son mari les appelle également, car il ne comprend plus sa femme qui, l'an dernier encore, s'occupait toute seule. Elle est devenue anxieuse : elle le suit partout où il va et se sent désemparée quand il la laisse seule. Elle ne vient pas à bout des tâches domestiques. Elle est souvent alitée, elle maigrit et dort mal : elle est persuadée qu'elle souffre d'un cancer. Les filles remarquent que leur mère, qui est généralement une hôtesse remarquable, est moins organisée lorsqu'elles arrivent avec leur famille. Elles constatent aussi qu'elle retient moins les exploits de ses petits-enfants depuis un an. Depuis deux mois, son comportement est tout simplement catastrophique.

Les résultats de l'examen physique et du bilan paraclinique s'avèrent normaux. Le résultat du test de dépistage de la dépression est cependant positif. Les tests cognitifs sont aussi anormaux. On lui prescrit des antidépresseurs.

Lors de la visite de suivi, où elle se présente accompagnée de son mari, Jeannette va mieux. Son mari joue au golf une fois par semaine et ses filles viennent lui tenir compagnie et apportent le repas. Elle est plus active, fait de l'exercice et va au restaurant avec son mari. Toute la famille l'encourage à commencer des traitements pour une maladie d'Alzheimer légère. Jeannette est soulagée d'être entourée par sa famille.

Comment gérer les troubles de comportement plus complexes ?

Il se peut que votre proche présente des comportements déroutants et qu'il devienne irritable et agité. Il se peut aussi que vous constatiez une certaine instabilité dans ses manifestations émotionnelles (pleurer ou rire de façon excessive et disproportionnée au contexte ou passer rapidement des pleurs au rire).

Au fil du temps, vous noterez peut-être aussi des propos et des mouvements répétitifs, une désinhibition agressive (la personne pique de grosses colères) ou sexuelle (elle veut reprendre les activités sexuelles qu'elle a cessées depuis longtemps), des comportements d'utilisation (elle se saisit et utilise sans motif des objets de l'environnement) et d'imitation (elle reproduit spontanément les gestes des autres). La personne peut par ailleurs présenter des troubles psychotiques (hallucinations, paranoïa, méfiance). Elle peut aussi souffrir de troubles neurovégétatifs touchant le sommeil avec errance nocturne, d'un syndrome crépusculaire (agitation survenant en fin de journée), d'une inversion du cycle éveil-sommeil et de conduites alimentaires inappropriées.

Ces comportements sont déroutants, car ils diffèrent du comportement habituel de la personne et peuvent être difficiles à gérer. Il se peut aussi qu'ils suscitent de l'embarras et de l'inconfort.

Certaines personnes souffrent de plusieurs troubles de comportement au cours de l'évolution de la maladie, tandis que d'autres en présentent très peu. Ces comportements varient d'une personne à l'autre, mais aussi d'une journée à l'autre chez une même personne.

Les troubles de comportement peuvent être attribués à plusieurs facteurs : un besoin non comblé (besoin de confort, besoin de contact social et de soutien, besoin d'être valorisé, besoin de stimulation significative pour pallier l'ennui), le niveau de fatigue, le moment de la journée, une difficulté de communication ou de compréhension, la prise ou non de médicaments, mais, surtout, la présence d'un certain niveau de stress, d'inconfort ou même de douleur. En effet, la tolérance au stress diminue progressivement chez les personnes vivant avec la maladie d'Alzheimer.

Si vous observez de tels comportements, parlez-en à votre professionnel de la santé. Ce dernier s'assurera que le comportement en question n'est pas secondaire à une nouvelle condition médicale (l'apparition d'un diabète non traité, par exemple) ou à une détérioration d'une condition connue (un déséquilibre thyroïdien, par exemple). Il pourra aussi réviser la médication et y apporter des modifications au besoin.

Quelles sont les causes au quotidien ?

Les questions qui suivent peuvent vous aider à trouver la cause du comportement difficile.

- Semble-t-il y avoir un élément déclencheur (une activité, une personne, un lieu ou une pièce en particulier, un changement de routine, un besoin non comblé, etc.) ? Dans quelles circonstances apparaît-il ?
- À quel moment de la journée le comportement se produit-il ?
- À quelle fréquence survient-il ?
- A-t-il des circonstances qui favorisent sa persistance ou sa disparition ?

Ainsi, en situation de stress, il se peut que la personne vivant avec un TNCM ne soit plus en mesure de se calmer d'elle-même et qu'elle devienne agitée, anxieuse ou irritable. On peut éviter l'escalade en analysant la situation stressante, en demeurant calme et en tentant de déterminer la ou les causes du comportement.

Il est préférable d'opter pour des méthodes non médicamenteuses pour gérer ces comportements. Il existe plusieurs options parmi lesquelles vous pourrez choisir en fonction de la réceptivité de votre proche. Essayez-en quelques-unes pour trouver celles qui fonctionnent le mieux pour votre proche et pour vous.

Quelques stratégies pour gérer les comportements fréquemment observés

La personne atteinte de déficits cognitifs perd peu à peu sa capacité à s'adapter aux changements. C'est donc son entourage qui doit s'adapter à elle. La surstimulation est souvent une source de confusion pour la personne atteinte. L'établissement d'une routine quotidienne favorise donc le maintien de l'autonomie et de la qualité de vie tout en diminuant les occasions de stress et d'anxiété.

Nous aborderons ci-dessous cinq comportements souvent considérés comme déconcertants ou particulièrement difficiles à gérer : les propos répétitifs, la désinhibition, les idées délirantes et paranoïdes, les hallucinations et l'autonégligence. Nous proposerons pour chacun des explications ainsi que des pistes de solutions.

Les propos répétitifs

La maladie cognitive affecte la mémoire à court terme. Votre proche retient donc difficilement les informations ou les instructions que vous lui donnez. Il peut ainsi se répéter sans arrêt et poser les mêmes questions en boucle. Il faut savoir qu'il entend chaque question pour la première fois, même s'il la répète et que vous lui avez déjà répondu à plusieurs reprises. Cela peut évidemment mettre votre patience à rude épreuve, mais il s'agit d'un symptôme de la maladie dont votre proche n'a pas conscience.

Histoire d'en parler…

Lucien, Laurette et Marie-Ève

Marie-Ève est venue passer la journée avec sa grand-mère Laurette à la demande de son grand-père, Lucien. Ce dernier souhaitait s'absenter pour une journée de pêche entre amis. La matinée se passe comme à l'habitude. Laurette est très heureuse de passer du temps avec sa petite-fille. Elle la suit partout dans la maison. À un moment, le nouveau copain de Marie-Ève, Nicolas, vient les rejoindre avec son chien. Marie-Ève remarque que sa grand-mère semble inquiète : elle demande sans cesse à qui appartient ce chien et ne semble jamais enregistrer la réponse.

Laurette veut mettre la table et réchauffer le repas du midi, comme elle a l'habitude de le faire, mais Nicolas lui dit qu'il s'en occupera avec plaisir « dans pas long » et qu'elle peut s'asseoir. Vers 13 heures, Nicolas s'installe pour préparer le lunch. Laurette demande alors à plusieurs reprises : « Qui est le garçon dans ma cuisine ? » Elle se met aussi à faire les cent pas dans le corridor du salon.

Marie-Ève a rarement vu sa grand-maman aussi agitée. Elle se rappelle de la stratégie de diversion (voir la page 106) dont son grand-père lui a parlé. Elle décide de l'appliquer en sortant les cahiers de dessins de sa grand-mère, en mettant sa musique préférée dans le salon et en s'asseyant près d'elle. Au retour de son grand-père, elle lui raconte ce qui s'est passé.

L'arrivée d'un inconnu, la présence de son chien et le changement dans la routine de la préparation du repas ont été des sources de stress pour Laurette. Elle devait avoir très faim à 13 heures, mais ne faisait pas ce lien (même si son ventre gargouillait) et ne savait pas comment l'exprimer. En effet, il n'est pas rare que les personnes atteintes de la maladie d'Alzheimer deviennent agitées quand l'un de leurs besoins de base n'est pas comblé ou qu'elles subissent un stress qu'elles sont incapables de contrôler. Rappelons aussi que les symptômes de la maladie d'Alzheimer (comme les propos répétitifs, qui est un symptôme initial) peuvent être amplifiés lorsque la personne subit un stress. Cela explique les questions répétitives de Laurette, qui était par ailleurs certaine de poser la question pour la première fois.

Des gestes simples comme disposer une horloge et un calendrier de bonne taille à vue peuvent parfois contrôler les questions répétitives sur l'heure, le jour et la date. Un tableau bien en vue (sur le réfrigérateur, par exemple) sur lequel on inscrit les détails du rendez-vous du lendemain et l'heure prévue du départ peut aussi apaiser votre proche.

La désinhibition

Les dégénérescences frontotemporales (DFT) sont un trouble neurocognitif différent de la maladie d'Alzheimer. Il faut savoir que certains patients souffrant d'Alzheimer ont une présentation atypique de la maladie et ont des comportements qui imitent la DFT. Les personnes qui en sont atteintes présentent plus de changements sur le plan des comportements sociaux que la moyenne des personnes qui souffrent de la maladie d'Alzheimer, même si ces maladies sont apparentées. Les dégénérescences touchent plus particulièrement le lobe frontal du cerveau, qui est notamment responsable de la personnalité et des comportements sociaux.

Histoire d'en parler...

Rita et Béatrice

Rita est atteinte de la maladie d'Alzheimer depuis un an. Elle habite depuis peu dans une résidence pour personnes semi-autonomes. La distribution des médicaments, la préparation des repas et l'entretien ménager y sont effectués par du personnel rémunéré. Béatrice vient tout récemment de déménager près de la résidence afin de passer du temps avec sa cousine Rita et de l'assister dans certaines tâches quotidiennes. Elle se souvient de son écoute, de sa douceur et de son sens de l'humour. À la demande de Rita, Béatrice accepte de l'accompagner à la banque. Or, Béatrice vit toute une aventure ce jour-là...

En arrivant, elle constate que le chemisier de Rita est défraîchi et taché et qu'il est mal assorti à une jupe un peu trop ajustée. Une fois à la banque, Rita ne tolère pas d'avoir à attendre et passe devant les gens qui font la file. Elle répète tout haut que « ça n'a pas de bon sens d'avoir à attendre comme ça ». Arrivée au comptoir, elle passe des remarques blessantes sur l'apparence du commis et frappe dans la vitre qui les sépare quand ce dernier ne répond pas assez vite à ses questions. Après cette situation plutôt inconfortable, Béatrice se ressaisit et décide d'inviter Rita à manger dans un buffet chinois du quartier, sachant qu'elle aime ce type de cuisine. Quelle n'est pas sa surprise en voyant Rita utiliser ses mains pour se servir ! Béatrice est aussi déçue du peu d'intérêt que sa cousine semble accorder à la conversation et aux souvenirs partagés qu'elle évoque. Au terme du repas, Béatrice raccompagne Rita à sa résidence et retourne chez elle, déboussolée par son comportement et son attitude.

Le filtre social de Rita est brouillé par la maladie. Elle a perdu la notion des interdits sociaux (passer devant les gens qui attendent en file, frapper dans la vitre, tenir des propos indélicats ou blessants, prendre la nourriture avec ses mains dans un buffet, manquer d'empathie envers autrui, etc.). Elle n'est pas consciente de la portée de ses gestes ni du fait qu'ils sont déplacés ou inappropriés.

Il est tout à fait normal de se sentir gêné, triste ou même honteux face à ce type de comportements. Il faut cependant comprendre que ces comportements ne sont pas volontaires et qu'il s'agit d'un changement que la maladie impose bien malgré lui à votre proche. Il n'est pas non plus dirigé contre vous.

Voici quelques suggestions pour vous aider à gérer ce type de situation :

- Si le comportement se produit dans un lieu public, gardez votre sang-froid et attirez doucement votre proche à l'écart, dans un endroit plus calme où il y a moins de stimulations.
- Vous pouvez tenter d'expliquer calmement pourquoi le comportement est inapproprié (cela peut parfois aider). Si cela ne fonctionne pas, optez pour la diversion.
- Tentez de faire diversion : aller aux toilettes, aller chercher un café, aller dans une boutique d'animaux, prendre une collation,

mettre des écouteurs avec de la musique, aller faire un tour de voiture, changer de sujet de conversation, etc.

- Il est inutile de blâmer ou d'humilier votre proche : cela ne changera pas la situation.
- Vous pouvez expliquer aux gens qui sont témoins de comportements inadéquats que votre proche a une maladie qui le fait agir ainsi et qu'il n'en est pas conscient. Vous pouvez aussi préparer de petits cartons que vous distribuerez discrètement au besoin, sur lesquels est écrit : « Veuillez excuser le comportement de la personne qui m'accompagne. Elle a une maladie qui rend parfois difficile le contrôle de ses propos et de ses actions. Elle n'en a pas conscience. Merci de votre compréhension. »
- Enfin, si vous remarquez que certaines situations ou certains contextes tendent à déclencher systématiquement ces comportements, cherchez à les éviter le plus possible.

Les idées délirantes et paranoïdes

La maladie d'Alzheimer et les maladies apparentées provoquent des changements au cerveau qui peuvent parfois entraîner l'apparition d'idées délirantes ou paranoïdes. Les idées délirantes sont de fausses croyances qui découlent souvent d'une interprétation erronée des perceptions ou des expériences. Par exemple, la personne peut croire que quelqu'un d'autre vit dans sa maison alors qu'elle vit seule.

Les idées paranoïdes sont quant à elles des craintes ou des inquiétudes irréalistes qui amènent la personne à penser que des gens lui veulent du mal. Par exemple, la personne peut égarer un objet et accuser quelqu'un d'autre de l'avoir volé.

La personne atteinte de la maladie d'Alzheimer ou d'une maladie apparentée a souvent l'impression qu'elle a peu d'emprise sur sa vie, car elle comprend mal ce qui se passe autour d'elle. Quand on ne comprend pas ce qui nous arrive, il est naturel de tenter de trouver une explication. Le plus facile est sans doute d'accuser l'aidant ou un pseudo-intrus d'avoir fait l'action qu'elle ne se souvient pas d'avoir faite elle-même.

Histoire d'en parler...

Emma

Emma vit en résidence depuis trois ans. Au moins deux fois par semaine, elle appelle ses filles à de multiples reprises pour leur dire qu'on lui a volé son cache-cerne et son fond de teint. Elle peut devenir anxieuse au point de demander à retourner dans son ancien logis.

Puisqu'Emma ne dérange que très rarement ses voisins ou l'équipe *nursing* avec ce délire, il ne sert à rien de la raisonner, de l'accuser d'avoir elle-même perdu son maquillage ou de lui dire d'arrêter de se maquiller. Il vaut mieux faire diversion et veiller à ce qu'il y ait toujours du maquillage de remplacement dans l'appartement. Si la situation devient incontrôlable, on peut avoir recours à un médicament : l'idée paranoïde ne disparaîtra pas pour autant, mais elle sera moins souffrante et envahissante.

Certains éléments peuvent contribuer à l'apparition de ces fausses perceptions : certaines combinaisons de médicaments, la fatigue, le stress, les changements de routine, la nouveauté, l'absence ou la surabondance de stimuli dans l'environnement, etc.

Comment réagir ? Voici quelques conseils qui devraient vous être utiles.

- Tentez de maintenir le plus possible les routines et les horaires établis.
- Évitez de modifier l'environnement de la personne et assurez-vous que l'éclairage est suffisant.

- Déterminez si l'idée délirante est source de peur, d'anxiété ou d'agitation pour votre proche (si, au contraire, elle est source d'apaisement, vous préférerez peut-être ne rien faire à ce sujet).
- Réagissez au sentiment que transmet votre proche et non aux idées qu'il exprime. Ainsi, au lieu de contredire la personne, reconnaissez sa préoccupation et les émotions qu'elle vit. Vous pouvez dire, par exemple : « Je comprends qu'il est désagréable et stressant de penser qu'on s'est fait voler ». Rassurez la personne en lui répétant que vous êtes là et faites ensuite diversion.
- Ayez recours à des distractions familières, comme écouter de la musique, jouer à un jeu de société, préparer une collation ou regarder une revue ou des photos.
- Tâchez de garder votre calme et évitez de vous disputer. N'oubliez pas que, pour la personne, les idées délirantes sont réelles.
- Si vous ne vivez pas avec la personne, menez une brève enquête pour vous assurer que ses soupçons ne sont pas fondés. Il est possible que la personne soit réellement victime d'abus.
- Il arrive que l'on doive utiliser un médicament pour diminuer l'intensité de ces idées (quand elles sont source de souffrance pour la personne) ou enrayer un comportement pouvant s'avérer dangereux pour elle ou son entourage. On l'emploie aussi quand les idées délirantes s'intensifient ou se prolongent dans le temps. Parlez-en aux intervenants de la santé qui accompagnent votre proche. Ils vous aideront à évaluer les avantages et les inconvénients de la médication. N'attendez pas d'être épuisé avant d'en parler : plus vous attendez, plus il sera difficile de remonter la pente.

Les hallucinations

Les hallucinations sont fréquentes chez les personnes atteintes de la MCL (voir le chapitre 1, à la page 36).

Histoire d'en parler...

Une conjointe inquiète

Roland est dirigé vers la clinique de gériatrie pour des hallucinations, un ralentissement psychomoteur, de la somnolence et des propos parfois plus ou moins cohérents. Il y a un an, son médecin de famille l'a rassuré au sujet des hallucinations très définies (petits camions, enfants, etc.) qu'il présentait depuis quelque temps en lui disant qu'il s'agissait d'un phénomène fréquent chez les malvoyants comme lui.

Un an plus tard, toutefois, sa conjointe s'inquiète : Roland fonctionne au ralenti et il est souvent somnolent durant le jour. Il explique qu'il dort mal et qu'il se réveille souvent entortillé dans les draps. Sa conjointe ne peut pas confirmer s'il bouge ou fait des mouvements durant ses rêves la nuit (voir le chapitre 1, à la page 36).

Il a encore de la mémoire, mais il se plaint d'avoir des « pannes de cerveau » pendant lesquelles il regarde dans le vide. Il reste lucide et il est capable de discuter de politique avec ses petits-enfants. Sa femme est fatiguée : elle n'ose plus s'absenter trop longtemps et le laisser seul à la maison. On prescrit un examen pour confirmer le diagnostic de maladie à corps de Lewy. Quelque temps plus tard, l'équipe de gériatrie apprend que Roland s'est fracturé la hanche. Le postopératoire est très difficile, car il présente un délirium prolongé. Il s'agit d'une complication fréquente de cette maladie qui empêche parfois le succès de la réadaptation.

Certains TNCM s'accompagnent de phénomènes sensoriels. C'est notamment le cas de la MCL. Il faut les dédramatiser, car il s'agit simplement de phénomènes neurologiques.

- Votre proche peut faire des associations un peu incongrues et surprenantes : mettre la table pour un visiteur, en être jaloux (est-ce un amoureux de ma femme ?), souhaiter qu'il parte, avoir peur d'une infestation d'insectes, croire en la présence d'un bébé parce qu'il hallucine des cris d'enfant, etc.
- Les hallucinations et les délires étant perçus comme réels par la personne atteinte d'un TNCM, il est inutile de les nier ou de lui dire qu'ils sont le fruit de son imagination.
- Les hallucinations peuvent provoquer des délires quand la personne essaie de leur donner un sens.
- Il faut optimiser l'éclairage si votre proche est victime d'hallucinations visuelles et chercher un environnement sonore calme s'il est victime d'hallucinations auditives. Il faut par ailleurs tenter de faire diversion.
- Se fâcher pour rien, avoir peur de son reflet dans le miroir et ne plus savoir ce qu'est un miroir sont des manifestations qui sont souvent rapportées dans la maladie d'Alzheimer. Il n'est pas rare que la personne dise que son conjoint n'est pas son conjoint, mais plutôt quelqu'un qui lui ressemble. Ce phénomène est considéré comme un trouble de l'identification (syndrome de Capgras) plutôt que comme une hallucination. La personne peut aussi dire qu'elle est dans un appartement qui ressemble au sien, mais qui n'est pas le sien. Il s'agit d'un phénomène appelé la paramnésie réduplicative.

La progression de la MCL est plus rapide que celle de la maladie d'Alzheimer. L'âge avancé, la survenue d'une maladie aiguë ou une chirurgie peuvent engendrer un délirium, lequel accélère encore davantage l'évolution. Malgré toute votre bonne volonté, le maintien à domicile peut éventuellement devenir impossible.

L'autonégligence

On assiste depuis peu à une multiplication des reportages portant sur les personnes qui accumulent les objets, ne soignent plus leur apparence et se marginalisent. Ces personnes, qui appartiennent à toutes les catégories d'âge, ont des personnalités particulières ou souffrent de pathologies psychiatriques ou d'abus de substances. Les personnes atteintes d'un TNCM peuvent aussi adopter ces comportements lorsqu'elles souffrent d'une atteinte du lobe frontal, qui est fortement impliqué dans les conduites sociales.

Il faut d'abord déterminer le moment d'apparition de ce comportement et en rechercher la cause : une accumulation de problèmes physiques ou une dépression peuvent-ils expliquer le tableau ? La personne accepte-t-elle l'aide ou les traitements nécessaires ? Le problème peut aussi être lié à l'anosognosie que vous connaissez bien. L'individu sera alors irritable ou peut-être même agressif quand on tentera de l'aider. Il peut devenir incapable de résoudre des problèmes. L'apathie, le manque d'empathie et la désinhibition lui font couper les ponts avec la société et détériorent ses conduites sociales. L'hygiène personnelle et celle de son environnement n'ont plus d'intérêt, des comportements stéréotypés d'accumulation ou des changements dans ses habitudes alimentaires s'installent. Tous ces symptômes sont typiques d'une atteinte qui touche le lobe frontal.

Histoire d'en parler...

Des pertes fonctionnelles inexpliquées

Yvon, 79 ans, est dirigé vers la clinique de gériatrie, car la travailleuse sociale ne s'explique pas ses pertes fonctionnelles. Le cardiologue qui l'a vu à l'urgence a demandé une évaluation à domicile pour vérifier la fidélité au traitement et prescrit une livraison quotidienne de médicaments.

En entrant dans l'appartement, l'infirmière a un choc. Les pièces sont remplies de boîtes qui n'ont pas été déballées depuis qu'Yvon s'est installé dans ce logement, il y a cinq ans. Yvon dort dans un fauteuil, car son lit le répugne et il craint les punaises de lit. Il a placé un urinoir à côté de son fauteuil pour les urgences mictionnelles. Comme le bain est rempli d'objets, Yvon fait sa toilette au lavabo. Son fauteuil est entouré de bouteilles de médicaments. Il va déjeuner au restaurant en voiture et achète des sandwichs à l'épicerie vers 16 heures. Il craint son propriétaire et croit que ses voisins prennent volontairement sa place de stationnement le matin.

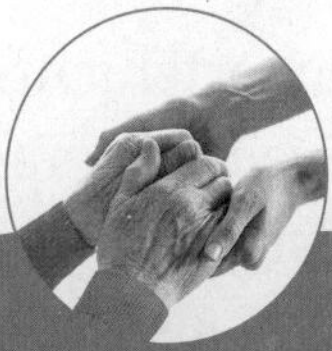

Mon proche se néglige !

D'après certains auteurs, le fait de ne pas venir en aide à une personne qui se néglige constitue une forme de maltraitance.

Ne coupez pas les ponts, même si votre proche ne vous écoute pas.

Si la situation se dégrade, faites équipe avec le médecin traitant et le CLSC. Ils pourront poser un diagnostic, évaluer la dangerosité de le laisser habiter seul (risque d'incendie, de fuite de gaz, de fugue, de chute, d'intoxication alimentaire, de dénutrition, etc.) et déterminer les interventions appropriées.

Et à la fin, qu'est-ce que j'en retiens ?

- ✓ Certaines personnes présentent plusieurs changements de comportement, tandis que d'autres n'en présentent que très peu.
- ✓ Plusieurs éléments peuvent être en cause (niveau de fatigue, moment de la journée, difficulté de communication ou de compréhension, prise de médicaments), mais ce sont surtout les situations d'anxiété, d'inconfort ou de douleur qui les provoquent.
- ✓ Il est important de parler de ces comportements à un professionnel de la santé. Ce dernier veillera à s'assurer que le comportement en question n'est pas lié à un problème de santé « silencieux ». Il pourra aussi réviser la médication et y apporter des modifications au besoin.
- ✓ Il est important de chercher à déterminer quels sont les éléments de l'environnement ou de la routine qui contribuent à l'apparition ou à la persistance du comportement. En règle générale, il faut tenter d'établir une routine, d'offrir des repères à la personne et de garder son calme.
- ✓ Rappelez-vous que la maladie est à l'origine de ces comportements difficiles et que votre proche n'en est donc pas responsable. Le plus important est de faire attention à vous et de vous donner le droit de ne pas avoir toutes les solutions et de demander de l'aide.

9

De l'aide pour les proches aidants

L'aide du réseau de soutien

Le diagnostic d'une maladie chronique dégénérative entraîne toutes sortes de bouleversements dans la dynamique de la famille et du couple. Quand on prend soin d'un proche aîné au quotidien, il est tout à fait normal de ressentir toute une gamme d'émotions. Certaines sont associées à la maladie elle-même, tandis que d'autres sont liées aux multiples tâches qui viennent transformer votre quotidien. Prendre soin d'une personne en perte d'autonomie implique en effet une importante charge émotive et physique.

Sachez d'abord que vous n'êtes pas seul et qu'il est tout à fait sain et raisonnable de demander de l'aide. La responsabilité de ce rôle ne devrait pas reposer uniquement sur vos épaules, mais plutôt être partagée avec les membres d'un réseau d'entraide.

En effet, les proches aidants qui croient qu'il est mal vu de demander de l'aide, qui craignent les jugements de l'entourage ou qui refusent l'aide offerte sont trop nombreux. Personne ne s'attend à ce que vous assumiez seul cette responsabilité !

En demandant ou en acceptant de l'aide, vous vous respectez et vous augmentez les chances de préserver votre énergie à court et moyen termes pour mieux accompagner votre proche. Vous mettez ainsi toutes les chances de votre côté pour préserver votre santé physique et psychologique.

L'objectif de ce chapitre est de vous montrer qu'il est légitime de demander de l'aide et de vous informer sur les différentes ressources à votre disposition. Il s'inspire des rencontres 5 et 6 du programme psychoéducatif *Devenir aidant, ça s'apprend*[1].

Demander l'aide de l'entourage

Nous vivons dans une société qui valorise l'individualisme, l'autonomie et la productivité. Aussi, tout au long de notre vie, on nous a appris à être autonomes et on s'est souvent attendu à ce que nous le soyons. Dans ce contexte, il n'est pas étonnant que nous ne soyons pas à l'aise avec l'idée de demander de l'aide !

Voici quelques pistes permettant d'augmenter les chances que nos demandes de soutien soient entendues.

Tout d'abord, il est important de demander le BON TYPE de soutien à la BONNE PERSONNE et au BON MOMENT.

Les types de soutien

- **Soutien matériel :** cette catégorie concerne tout ce qui touche à l'organisation de la maison et des soins requis par votre proche, soit l'aide pour le ménage, la préparation des repas et les courses, le transport pour les rendez-vous ou pour les achats, l'accompagnement pour le paiement des comptes, l'aide pour l'administration des médicaments, etc.

1. Ducharme, F., Beaudet, L., Ward, J. et Legault, A. (2012). *Programme psychoéducatif offert en début de parcours aux proches aidants d'un parent âgé souffrant de la maladie d'Alzheimer.* Cahier de l'intervenant, 144 pages. Montréal : Chaire Desjardins en soins infirmiers à la personne âgée et à la famille, Université de Montréal.

- **Soutien émotionnel :** cette catégorie concerne la communication avec les membres de l'entourage, l'écoute attentive et le réconfort. On aide ainsi la personne et le proche aidant à identifier et à résoudre des problèmes de nature variée, à réaménager les rôles, à rechercher des conseils, etc.
- **Soutien lié aux activités sociales :** il s'agit de l'aide obtenue pour permettre le maintien des loisirs, des visites et des sorties.
- **Soutien informationnel :** il s'agit du soutien permettant à la personne et au proche aidant d'obtenir des informations justes et à jour, d'être informés des services offerts et de leur disponibilité, d'avoir accès à des suggestions de professionnels, etc.

La bonne personne

Une fois que vous avez identifié le type de soutien que vous souhaitez recevoir, prenez un moment pour déterminer qui, parmi les membres de votre entourage (famille, ami, voisin, collègues, etc.) serait la personne la mieux à même de vous l'offrir. Cette personne peut avoir un lien avec vous ou avec votre proche.

Nous savons que chaque personne est différente et que les valeurs, les forces et les faiblesses, les obligations et les contraintes ainsi que les modes de fonctionnement et d'organisation varient d'un individu à l'autre. Dans ce contexte, il peut être fort utile de réfléchir à ces divers aspects avant de choisir à qui s'adresser.

- Votre beau-frère adore jouer à la pétanque et votre mari aussi ? Pourquoi ne pas lui demander de l'amener jouer quelques parties au moment qui lui convient ?
- Votre amie d'enfance adore marcher sur le bord de l'eau, tout comme votre mère, avec qui elle entretenait d'ailleurs de bons liens ? Pourquoi ne pas lui demander de l'amener marcher avec elle une fois par semaine ?

- Vous ne conduisez pas et votre voisin vous offre de vous emmener à la clinique pour le rendez-vous mensuel de votre conjointe ? Dites oui !
- Votre cousine habite loin, mais vous sentez que cela vous fait du bien de lui parler pour ventiler un peu ? Appelez-la périodiquement pour échanger et bénéficier d'une oreille attentive !

Si vous avez des craintes ou que vous ressentez un malaise ou une réticence à demander de l'aide, tentez d'identifier la source de ce sentiment. Êtes-vous gêné ? Avez-vous peur de déranger, d'essuyer un refus ou d'avoir l'air « faible » ? Êtes-vous mal à l'aise de demander de l'aide aux membres de votre entourage parce qu'ils ont l'air déjà tellement occupés ? Avez-vous l'impression que les membres de votre réseau devraient « deviner » que vous avez besoin d'aide ?

Comme nous l'avons mentionné en début de chapitre, la société dans laquelle nous avons grandi valorise énormément l'autonomie, la force et l'indépendance. Pas étonnant qu'il soit maintenant difficile de demander de l'aide pour quelque chose d'aussi personnel !

Sachez que l'orgueil n'a plus sa place quand un être cher vit une perte d'autonomie graduelle et qu'il a besoin de toute l'aide disponible. Vous avez le droit de demander de l'aide, et ce, en toute légitimité et sans faire l'objet de jugements.

Faites confiance à vos proches : ils vous le diront s'ils ne sont pas en mesure de vous apporter l'aide demandée. Ils vous feront probablement une « contre-offre » ou vous expliqueront les raisons de cette impossibilité.

Nous croyons souvent, à tort, que notre entourage « sait » ce dont nous avons besoin. Or, comme ils ne vivent pas au quotidien avec vous, vos proches ne comprennent pas nécessairement les implications de votre rôle d'aidant d'un aîné en perte d'autonomie et, par conséquent, de vos besoins. Certains proches voudront vous apporter de l'aide, mais ils ne sauront pas quoi vous offrir concrètement et en ressentiront un certain malaise. Toutefois, si vous prenez soin d'exprimer votre besoin et d'expliquer comment le combler, plusieurs se feront un grand plaisir de vous donner un coup pouce.

Le bon moment

Il est important de miser sur les disponibilités exprimées par la personne identifiée pour fournir l'aide en question. Ainsi, votre voisine qui travaille dans le milieu de l'enseignement aura probablement davantage de disponibilités pendant la période estivale et votre frère, qui est un lève-tard, risque d'être plus enclin à emmener son père souper plutôt que déjeuner.

Il suffit de s'informer des horaires ou des préférences de chacun et d'arrimer ses besoins avec ceux-ci pour augmenter les chances de succès.

Figure 9.1 | Le bon type de soutien[2]

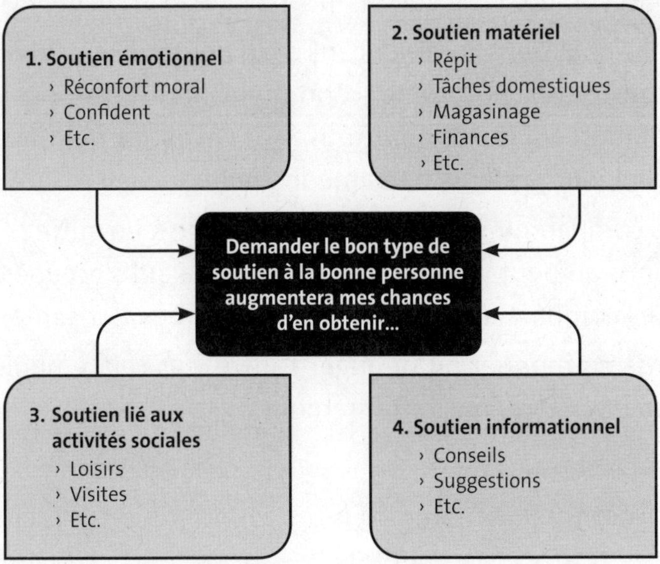

2. Figure tirée du cahier de l'intervenant du programme psychoéducatif *Devenir aidant, ça s'apprend,* de Ducharme, Beaudet, Ward et Legault, 2012, p. 110.

Gérer les conflits

Les nombreux changements associés à la maladie d'Alzheimer ou aux maladies apparentées peuvent transformer les dynamiques familiales et les rendre plus complexes. Dans certaines familles, la maladie entraînera un rapprochement, tandis que dans d'autres, elle donnera lieu à des conflits associés aux divergences de points de vue et de valeurs. Vous trouverez ci-dessous quelques conseils pour vous aider à gérer les situations conflictuelles[3].

Les règles de communication pour prévenir les conflits ou s'en extraire

Certaines règles favorisent une communication efficace et sans acrimonie. On peut, par exemple :

- Entretenir des relations d'égal à égal.
- Laisser les autres s'exprimer à tour de rôle sans les interrompre.
- Exprimer son point de vue de façon claire et franche.
- Éviter les questions commençant par « pourquoi ? ». Privilégier les questions ouvertes comme « Comment pourrions-nous arriver à une solution équitable pour tous ? », « Qu'est-ce qui t'inquiète ? » ou « Quel jour préfères-tu, samedi ou dimanche ? ».
- Ne pas comparer un membre de l'entourage à un autre : « Ta sœur au moins, on peut compter sur elle » ou « Paul s'occupe de papa, lui ». Ces comparaisons sont blessantes et dévalorisantes.
- Éviter de se moquer ou de juger l'autre, car cela empoisonne la relation et crée du mécontentement.

3. Section inspirée de l'adaptation web du programme psychoéducatif *Devenir aidant, ça s'apprend,* de Ducharme, Beaudet, Ward et Legault, 2012.

Quelques suggestions pour améliorer l'écoute

- Écouter attentivement en se concentrant sur ce qui est dit, en étant conscient des émotions que cela suscite de part et d'autre et, surtout, en évitant les sources de distraction.
- Savoir se taire et observer.

La communication verbale et non verbale

- On communique avec le corps (langage non verbal)
  - Être attentif à la communication non verbale (silences ; inflexions, ton et débit de la voix ; gestes et postures ; expressions faciales ; toucher ; objets environnants ; cohérence ou divergence entre le discours et le message corporel).
- On communique avec les mots (langage verbal)
  - Se traiter mutuellement avec respect et reconnaître les sentiments des autres.
  - Valoriser les autres ainsi que leurs capacités et leurs aptitudes.
  - Traiter le conflit comme un problème à résoudre plutôt que comme une bataille à gagner ou à éviter à tout prix.
  - S'attaquer au problème et non aux personnes concernées par le problème.
  - Accepter les différences chez les autres.
  - Éviter de déterminer qui a raison, qui a tort ou qui est à blâmer.
  - Rechercher une information précise, pertinente, complète et de source sûre afin de la partager et de clarifier les faits qui embrouillent le conflit.
  - User de créativité, de bonne volonté et de compassion afin de trouver une solution qui intègre des points de vue opposés et qui est acceptable pour tous.

L'aide du réseau public

Demander l'aide du réseau public

Comme une grande majorité de proches aidants, vous souhaitez peut-être maintenir votre proche le plus longtemps possible dans son milieu de vie habituel. Dans ce cas, vous devrez inévitablement faire appel aux services du réseau public de santé.

Votre principale ressource sera alors le CLSC de votre quartier. Ce dernier offre une panoplie de services visant à vous épauler dans votre rôle de proche aidant. Bien que semblable, l'offre de services varie selon les établissements (milieu urbain ou rural, dimension du territoire, densité populationnelle, etc.). Ainsi, ce qui n'est pas disponible dans un secteur peut l'être dans un autre, et inversement. Informez-vous auprès de votre CLSC et demandez une évaluation de vos besoins à domicile. Depuis le déploiement à l'échelle de la province du *Plan ministériel sur les troubles neurocognitifs,* le personnel des CLSC est formé pour déterminer les besoins dès qu'un diagnostic de trouble neurocognitif majeur (TNCM) est posé. Cette évaluation des besoins ne vous engage à rien. Ainsi, si vous n'êtes pas prêt à solliciter une intervention extérieure au moment de l'évaluation, vous saurez au moins qu'un type de service particulier existe et que vous pourrez y avoir accès le moment venu. Certains services vous seront offerts à la suite d'une évaluation systématique, mais n'hésitez pas à demander des services spécifiques que vous jugez pertinents.

Voici quelques exemples des services disponibles :

- Surveillance de la prise des médicaments
- Aide pour l'entretien ménager
- Aide pour la préparation des repas
- Aide pour les soins d'hygiène
- Service de répit-surveillance

- Transport adapté. Il se peut que vous ou votre proche ayez droit au service de transport adapté offert dans votre région. Consultez le formulaire de demande de transport adapté fourni par l'organisme de transport qui dessert votre région pour savoir quels professionnels de la santé sont autorisés à le remplir. Informez-vous ensuite auprès d'un professionnel de la santé qui a accès à votre dossier, car l'attribution repose entre autres sur le diagnostic clinique.
- Vignette de stationnement pour personne handicapée. Que vous soyez passager ou conducteur, il se peut que vous ou votre proche ayez droit à une vignette vous permettant de vous stationner dans les espaces réservés aux personnes handicapées. Ces vignettes sont généralement réservées aux personnes souffrant d'une atteinte physique ou cognitive affectant la mobilité. Adressez-vous à un professionnel de la santé pour qu'il remplisse la demande de vignette.
- Référence aux Sociétés Alzheimer ou à l'organisme L'Appui.
- Référence à un centre de jour organisant des activités dirigées pour les personnes atteintes de TNCM.

Si votre CLSC n'offre pas le service souhaité, demandez qu'on vous oriente vers les ressources communautaires qui l'offrent.

Le journal de bord, un bon outil pour faciliter la demande d'aide[4]

Rédiger un journal de bord permet de définir vos besoins en vue d'adresser des demandes d'aide aux différents intervenants que vous rencontrerez sur votre route, notamment auprès d'un organisme communautaire ou d'un établissement public de santé. Un intervenant (une infirmière, un travailleur social ou un autre professionnel de la santé) de l'organisme consulté vous posera sans doute des questions pour mieux comprendre votre situation et évaluer vos besoins. Le

4. Section tirée de l'adaptation web du programme psychoéducatif *Devenir aidant, ça s'apprend,* de Ducharme, Beaudet, Ward et Legault, 2012.

journal de bord vous offrira une vue d'ensemble sur votre situation qui vous permettra de mieux identifier vos besoins afin de les transmettre aux intervenants.

Prendre du recul

La maladie d'Alzheimer évolue de façon progressive. Les problèmes de fonctionnement qui en résultent (les troubles de mémoire, par exemple) sont parfois si insidieux que les aidants s'y adaptent en les assimilant à des changements liés à l'âge plutôt qu'à la maladie. Noter vos observations vous permettra de prendre du recul et d'avoir une meilleure vue d'ensemble des changements qui affectent votre proche. Ainsi, il est pertinent de noter les changements que vous observez dans le comportement, l'humeur, la personnalité et la capacité de votre proche à fonctionner de façon autonome dans des situations simples et complexes.

Identifier les besoins

Tenir un journal des différents évènements vous permet de prendre conscience de vos besoins et de voir la situation sous un autre jour. Vos propres besoins deviennent ainsi plus faciles à distinguer.

Soumettre des demandes d'aide aux différentes ressources

Vos observations permettront parallèlement à l'intervenant d'avoir une vue d'ensemble de la situation et faciliteront les démarches qu'il devra faire à son tour pour vous offrir les services dont vous avez besoin.

Prenez en note les changements que vous observez chez votre proche à mesure que vous les constatez. Indiquez ce qui s'est passé, l'émotion que cela a provoquée chez vous et ce que cet évènement vous apprend sur vos besoins.

Les comportements parfois étranges de votre proche ne vous laisseront pas indifférent. Par exemple, constater un matin que celui-ci n'arrive plus à boucler sa ceinture de pantalon ou à choisir des vêtements appropriés à la saison risque de vous chavirer le cœur. Dans ce contexte, il est approprié de prendre en note l'évènement ou la situation pour en conserver une trace. Pour que cette information soit facile à retrouver et à utiliser plus tard, nous vous conseillons de recenser dans deux colonnes « les faits » et « les émotions » que ces évènements suscitent chez vous.

Voici un exemple :

Tableau 9.1 | Journal de bord[5]

Date	Ce qui s'est passé	Ce que cela m'a fait vivre	Besoin d'aide
	Les faits *Ce que mes yeux ont vu, mon nez a senti, mes oreilles ont entendu…*	**Les émotions** *Ce que je me suis dit, ce que j'ai pensé ou ressenti en voyant cela.* *Mes émotions, mes impressions, ma perception, mon jugement personnel…*	*Cette situation illustre-t-elle un besoin d'aide ? Si oui, lequel ?*
8 décembre	Mon proche veut mettre son plat à réchauffer au four à micro-ondes. Il ne sait plus comment faire pour ouvrir la porte et faire fonctionner l'appareil.	J'ai d'abord été très surprise. Je me suis dit : « Ça ne peut pas durer. Son alimentation laisse à désirer. Il faut faire quelque chose. »	Besoin d'aide pour les repas à domicile
12 février	Mon proche ne sent pas bon.	Ça me fait de la peine de le voir comme ça, lui qui a toujours été si fier de sa personne. Je ne peux pas le laver moi-même, c'est trop difficile pour moi.	Besoin d'aide pour donner le bain

5. Tableau inspiré du cahier de l'intervenant du programme psychoéducatif *Devenir aidant, ça s'apprend,* de Ducharme, Beaudet, Ward et Legault, 2012, p. 110.

Le répit, une aide précieuse

Malgré toute l'affection et la considération que vous portez à votre proche, il se peut que vous vous sentiez dépassé et que vous ressentiez par moments une sensation d'impuissance ou de renoncement. Vous aurez l'impression de vivre un deuil : le deuil de voir votre proche tel qu'il a toujours été, tel qu'il aurait souhaité être, le deuil d'une relation et d'une communication qui n'est plus tout à fait comme avant et, enfin, le deuil de projets modifiés, abandonnés ou remis à plus tard avec l'apparition de la maladie.

Vous n'avez pas à vous sentir coupable d'entretenir de tels sentiments. Il est cependant recommandé de prévoir des moments de répit afin de mieux gérer les émotions difficiles associées au rôle de proche aidant.

Voici différents types de répit :

- Répit de courte durée
  - Il existe de plus en plus de formules de répit de courte durée. La plupart des Sociétés Alzheimer offrent maintenant un service de répit et de stimulation à domicile. Un intervenant vient passer entre deux et quatre heures au domicile de la personne atteinte pour assurer une surveillance et offrir des activités de stimulation.
  - La plupart des CLSC mettent aussi à disposition des blocs d'heures de répit avec récurrence hebdomadaire. Un intervenant du CLSC vient alors passer quelques heures au domicile de votre proche. Certains centres de jour privés offrent également ce service. (L'offre de services peut varier d'un CLSC à l'autre.)
  - Enfin, plusieurs agences privées de soins à domicile offrent ce service. Les tarifs varient en fonction de l'agence.

- Répit de longue durée. Il existe deux principales modalités de répit de plus longue durée :
  - **Répit à domicile :** une personne vient prendre soin de votre proche, vous permettant de partir quelques jours.
    - L'organisme Baluchon Alzheimer offre un service de répit à domicile pour une période de 4 à 14 jours. Cela permet aux aidants de prendre une pause en toute tranquillité sans avoir à transférer leur proche dans un autre milieu. La « baluchonneuse » qui offre le répit est une personne formée et expérimentée. Cette solution présente l'avantage de ne pas entraîner de changement majeur dans la routine quotidienne. Vous devez en revanche séjourner ailleurs qu'au domicile familial, ce qui ne convient pas à tous les aidants.
    - Si ce service vous intéresse, informez-vous auprès du service psychosocial de votre CLSC. Il est préférable de planifier vos périodes de répit vu la période d'attente et la planification requise pour assurer le bon déroulement de l'expérience.
  - **Répit à l'extérieur du domicile :** votre proche passe quelques jours dans un environnement conçu à cette fin.
    - Plusieurs CHSLD disposent d'un programme de répit temporaire. Ainsi, pendant que vous vous absentez, votre proche peut recevoir les soins et l'encadrement nécessaires grâce aux intervenants du réseau de la santé.
    - Afin d'obtenir la période de répit à l'endroit qui vous convient, il est recommandé de la prévoir. Sachez aussi qu'il est possible d'organiser un répit temporaire d'urgence. Informez-vous auprès du travailleur social de votre CLSC.

Prendre soin de soi

La maladie d'Alzheimer et les maladies apparentées évoluent sur une période plutôt longue. Il est donc d'autant plus important de veiller à prendre soin de vous.

Il est souvent facile de s'oublier quand on prend soin d'un être cher, mais il est primordial de garder du temps pour s'occuper de soi. En effet, votre santé physique et psychologique est tout aussi importante que celle de votre proche.

Rappelez-vous qu'il n'est jamais trop tôt pour s'informer et qu'il y a souvent des délais d'attente. N'hésitez pas à prendre contact avec les organisations d'aide dès que vous envisagez d'avoir recours à leurs services.

L'expression « prendre soin de soi » est possiblement galvaudée de nos jours. Tout un chacun se le souhaite, mais en ne saisissant pas toujours réellement ce que cela implique ! Et vous ?

Des suggestions pour prendre soin de soi[6]

- Soyez bon envers vous-même ; attribuez-vous un système d'auto-récompense ; évitez de vous culpabiliser ; utilisez vos autocritiques de façon constructive ; osez demander de l'aide.
- Vous ne faites pas de la magie : vos ressources et vos capacités sont limitées ; admettez-le et dites-le à votre entourage.
- Trouvez une oasis, un coin douillet où vous pouvez vous réfugier une demi-heure par jour (au minimum) pour vous détendre.
- Souvenez-vous que le changement peut être bénéfique, mais qu'il doit être fait librement et de façon constructive.
- Apprenez à recevoir du soutien.
- Apprenez aussi à accepter les échecs inévitables et donnez-vous du crédit pour vos succès, même s'ils ne sont que partiels. Dites-vous : « J'ai fait de mon mieux, mais ça n'a pas marché. »
- Changez de routine et variez vos tâches aussi souvent que possible. Les personnes sujettes au *burnout* préfèrent le *statu quo,* même si cela n'est pas nécessairement sain pour elles.

6. Section tirée de l'adaptation web du programme psychoéducatif *Devenir aidant, ça s'apprend,* de Ducharme, Beaudet, Ward et Legault, 2012.

- Apprenez à faire la différence entre les plaintes qui soulagent et les jérémiades qui ne font qu'intensifier le stress négatif.
- Soyez votre meilleure ressource : faites appel à votre créativité pour trouver de nouvelles approches.
- Créez un réseau de soutien, un réseau d'amis qui saura vous comprendre et vous apporter soutien et conseils.
- Évitez d'étaler ou de ressasser vos problèmes lors des rencontres sociales ou des sorties.
- Apprenez à mettre vos limites et à dire « non ». Que vaut votre « oui » si vous ne savez pas dire « non » ? Dites « je ne veux pas » plutôt que « je dois ».
- Refaites le plein par le rire et le jeu et posez-vous certaines questions :
  - Avez-vous des intérêts en dehors de votre rôle d'aidant ?
  - Quelle nouvelle activité avez-vous entreprise récemment ?
  - Quelles nouvelles amitiés avez-vous nouées ?
  - Si vous êtes plus âgé, entretenez-vous des liens privilégiés avec certains jeunes ?
  - Si vous êtes jeune, gardez-vous des contacts privilégiés avec certaines personnes plus âgées ?
  - Qu'y a-t-il d'amusant dans telle ou telle situation ?
  - Êtes-vous capable de rire de vous-même ? Des autres ? Des faits cocasses ? De la vie en général (et ce, sans amertume) ?
- Dépensez votre trop-plein d'émotions en marchant, en jardinant ou en faisant de l'exercice physique ; ayez recours à des méthodes de relaxation comme la méditation ou le yoga.

Prenez le temps de réfléchir à ce qui vous fait du bien et d'avoir recours à ces moyens le plus souvent possible.

Et à la fin, qu'est-ce que j'en retiens ?

- ✓ Prendre soin d'un aîné en perte d'autonomie est associé à une charge émotive et physique non négligeable.
- ✓ Il est tout à fait légitime de demander de l'aide. C'est un signe de maturité et une marque de respect envers le proche.
- ✓ Une demande d'aide qui s'adresse à la bonne personne au bon moment et qui concerne le bon type de soutien a plus de chances d'être acceptée.
- ✓ Le réseau de santé public offre toutes sortes de services utiles aux proches aidants.
- ✓ Le journal de bord peut être très utile pour prendre du recul et suivre la progression des besoins.
- ✓ Il faut prendre soin de soi dès le départ afin de conserver son énergie et d'instaurer de saines habitudes. Cela est tout aussi important que de prendre soin du proche.

10

Les aspects légaux

La progression des troubles cognitifs qui sont associés à un trouble neurocognitif majeur (TNCM) entraîne une altération des capacités de discernement. En effet, les lésions causées par la maladie affectent les régions cérébrales responsables du jugement et de l'autocritique, des fonctions cognitives qui nous permettent de nous gérer et de prendre de bonnes décisions.

Dans ce contexte, il est crucial d'aborder la question de l'aptitude. Il faut d'abord savoir que, légalement, toute personne est présumée apte à gérer ses biens et sa personne jusqu'à ce qu'une évaluation d'inaptitude soit faite et qu'elle soit entérinée par le tribunal.

Pourquoi est-il si important d'en parler ? Après tout, par bienveillance, vous vous contentez de prêter assistance à votre proche pour gérer ses affaires quand il en a besoin et de l'accompagner à l'hôpital pour l'aider à comprendre les explications complexes du personnel médical. Si votre famille s'entend bien et que tout se passe bien, l'évaluation d'aptitude n'est pas une préoccupation et encore moins une obligation. La situation est cependant plus compliquée si votre proche a des biens immobiliers ou des sommes importantes à gérer et qu'il n'accepte pas d'être aidé par une personne fiable, ou s'il n'accepte pas les soins dont il a besoin et se place ainsi en situation de précarité ou de danger. Dans certains cas, la personne doit être protégée : il faut alors faire des démarches pour ouvrir un régime de protection ou homologuer un mandat de protection.

L'inaptitude découle d'une atteinte des fonctions cognitives qui affecte la capacité de la personne à comprendre et à apprécier une situation, à raisonner et à exprimer un choix qui soit cohérent avec son identité et sa philosophie de vie. Elle survient lorsque les capacités fonctionnelles et décisionnelles de la personne ne lui permettent plus de répondre aux exigences d'une tâche (comme gérer ses biens) ou d'une situation donnée (comme prendre une décision de soins). L'inaptitude peut porter sur différents types de responsabilités.

Sur le plan médical, nous sommes appelés à évaluer les aptitudes suivantes :

- Aptitude à prendre soin de sa personne ;
- Aptitude à gérer ses biens ;
- Aptitude à consentir aux soins (examens, prélèvements biologiques, traitements, interventions de nature médicale, psychologique et sociale, hébergement, etc.).

Les troubles neurocognitifs étant associés à une détérioration progressive des capacités, il existe aussi divers degrés d'inaptitude. L'inaptitude peut ainsi être :

- **partielle,** c'est-à-dire que le patient est capable d'une certaine compréhension et qu'il participe aux décisions, ou **totale,** ce qui fait qu'il ne prend plus part aux décisions ;
- **temporaire** ou **permanente** (dans le cas d'un TNCM, elle est toujours permanente).

Par exemple, si votre proche devient inapte à prendre des décisions pour sa personne, il risque de compromettre sa santé, voire sa vie, en oubliant de prendre sa médication ou en refusant qu'un intervenant du CLSC lui administre des médicaments vitaux (nécessaires au bon fonctionnement de son cœur ou au traitement d'un diabète, notamment). Votre proche pourrait par ailleurs refuser le service de « popote roulante », même s'il ne prépare plus de repas et qu'il perd beaucoup de poids. Il pourrait refuser l'aide dont il a besoin pour faire sa toilette quotidienne, même s'il présente des incontinences et qu'il risque de développer une infection ou des plaies cutanées. On considérerait alors qu'il est inapte à gérer sa personne. On considérera en revanche qu'il est inapte à administrer ses biens s'il semble vulnérable aux abus financiers ou à la dilapidation du patrimoine familial si durement accumulé parce qu'il n'est plus en mesure de comprendre la notion abstraite de l'argent. Il pourrait par exemple se tromper en donnant plus d'argent que nécessaire lors d'un achat ou en acceptant un montant dérisoire contre un bien de valeur. Il pourrait aussi ne pas être en mesure de s'apercevoir qu'une personne tente de lui soutirer de l'argent par téléphone ou par internet.

Il faut savoir qu'aucun notaire n'acceptera d'entériner une transaction comme la vente d'un immeuble ou la modification d'un testament si un client semble avoir un trouble cognitif significatif. Le notaire a en effet l'obligation de s'assurer que le client agit de façon volontaire, libre et éclairée et non sous l'emprise d'une personne malveillante. Dans le doute, il exigera une évaluation médicale. Si vous êtes en mesure de réduire les risques par vos actions ou votre présence, il n'est parfois pas nécessaire de faire évaluer l'aptitude, mais, dans le doute, il vaut mieux en parler avec les professionnels de la santé qui vous entourent. Ils sauront vous conseiller et vous diriger vers les bonnes personnes et les bonnes ressources.

Histoire d'en parler...

Des proches qui exagèrent

Robert, un ancien homme d'affaires prospère de 85 ans, vient de perdre sa conjointe. Avant sa mort, celle-ci gérait les finances de son époux avec l'aide d'un comptable. Robert souffre en effet d'un TNCM modéré qui complique la gestion de ses finances. La petite-fille de Robert a immédiatement emménagé avec lui après le décès de sa conjointe. Le comptable de Robert, qui lui rend visite tous les six mois, constate que la petite-fille a convaincu son grand-père de faire des rénovations sous prétexte que la maison prendra de la valeur. Il remarque aussi que des dépenses liées à des cours de yoga et des traitements de massothérapie et d'esthétique sont apparues sur le relevé de carte de crédit.

S'il continue de dépenser à ce rythme, Robert devra, d'ici deux ans, vendre sa maison, qui est située dans un quartier cossu de la métropole. L'ancien homme d'affaires, qui ne veut pas quitter sa maison, croit que son comptable exagère. Il oublie qu'il a eu des revers financiers et il se croit assez bien nanti pour combler les besoins de sa petite-fille. La jeune femme considère que la sollicitude et la générosité de son grand-père sont tout à fait normales.

Le fils de Robert, qui est identifié comme mandataire dans le mandat de protection, veut redresser la situation, mais son père ne veut pas qu'il s'en mêle. Lors de la visite médicale, Robert ne parvient pas à expliquer la situation, mais il se dit heureux. On contacte rapidement une travailleuse sociale, qui procède à une évaluation. Finalement, l'abus est confirmé et on soupçonne même de la maltraitance.

Une déclaration d'inaptitude médicale et psychosociale est remplie et le notaire dépose une demande d'homologation du mandat au tribunal. Robert est présent à l'audience. Il n'intervient pas, car il ne saisit pas la teneur du débat. On conclut que Robert est totalement inapte à gérer ses biens et sa personne et qu'il a besoin de protection. Le mandat est homologué, donnant à son fils le droit de prendre les décisions concernant les biens et la personne de son père.

Il existe aussi des outils pour assister la personne qui a des troubles cognitifs, mais qui n'est pas encore inapte.

La procuration

Votre proche peut faire une procuration qui vous donne le pouvoir d'agir en son nom pour des actions simples et précises comme payer des factures, payer le loyer, accéder à un compte de banque en particulier, etc. La procuration ne concerne que les biens. Elle peut être générale ou porter sur un acte précis (la vente d'une maison, par exemple). Il s'agit d'un document écrit qui peut être notarié ou non.

La procuration n'est cependant valide que si la personne qui l'émet est apte, c'est-à-dire qu'elle possède encore les facultés nécessaires pour superviser l'exécution des actes qu'elle couvre. Elle peut être révoquée à n'importe quel moment par la personne qui l'a émise. Dès qu'une personne est déclarée légalement inapte, la procuration qu'elle a émise n'est plus valide et c'est le représentant légal qui doit prendre les décisions qui la concernent.

Le mandat de protection

Le mandat de protection (autrefois appelé mandat en cas d'inaptitude) est un document qui permet à la personne qui le remplit de décider qui prendra soin de sa personne ou de ses biens dans l'éventualité d'un accident ou d'une maladie la privant de ses facultés. Elle peut désigner une seule personne (mandataire) pour les deux responsabilités (biens, personne) ou une ou plusieurs personnes pour chacune des responsabilités. Le mandat de protection peut être rédigé devant un notaire ou devant deux témoins majeurs et aptes qui ne sont pas liés au mandataire, c'est-à-dire qui ne peuvent pas être mandataires ou mandataires substituts pour la personne et qui ne doivent pas avoir d'intérêt dans le contenu du mandat. Il ne s'agit pas d'une procuration. Pour être valide, le mandat doit être homologué devant un juge (voir ci-dessous). On retrouve des modèles de mandat de protection sur le site du Curateur public* du Québec[1].

Le mandat de protection doit être rédigé alors que la personne est encore apte à le faire et qu'elle comprend la portée de son geste. Tout doit porter à croire qu'elle fait preuve d'un consentement libre, c'est-à-dire qu'elle identifie le mandataire sans pression extérieure et de façon éclairée, en ayant en main toutes les informations pertinentes pour faire son choix.

L'homologation du mandat de protection

Le mandat est dit « homologué » lorsqu'il est entériné par un juge. Il entre alors officiellement en vigueur. L'homologation d'un mandat en cas d'inaptitude exige l'intervention des trois personnes suivantes : un notaire, un médecin et un travailleur social. Il s'agit d'un processus s'échelonnant souvent sur plusieurs mois et impliquant un jugement rendu par le tribunal.

Les régimes de protection

Si votre proche n'a jamais rempli de mandat de protection et qu'il est cognitivement très atteint, il est peut-être trop tard pour qu'il puisse le faire. En effet, s'il ne comprend pas ce qu'est un mandat et qu'il ne peut déterminer librement et de façon éclairée qui prendra les décisions concernant ses biens et sa personne, il est déjà trop tard. Vous pouvez alors demander l'ouverture d'un régime de protection en déposant une requête auprès du palais de justice. Il faut créer un conseil formé de membres de la famille et d'amis qui seront interrogés sur la situation et sur le représentant qu'il convient de nommer, soit un curateur ou un tuteur* privé.

1. www.curateur.gouv.qc.ca

Si personne n'accepte cette responsabilité, c'est un représentant de la curatelle qui s'occupera de votre proche. On parle alors de curatelle ou tutelle publique.

Il existe un régime d'assistance et deux régimes de protection. Le choix de l'un ou l'autre de ces régimes dépend du niveau d'inaptitude et du statut temporaire ou permanent de l'inaptitude.

- Le **régime de conseiller au majeur** est un régime d'assistance qui s'applique en général aux personnes ayant une déficience d'inaptitude légère et temporaire. Il ne s'applique pas à celles atteintes d'un TNCM.
- Le **régime de tutelle** s'applique en cas d'inaptitude partielle ou temporaire.
- Le **régime de curatelle** s'applique en cas d'inaptitude totale et permanente. C'est le régime qui est le plus couramment employé pour les personnes souffrant de maladies neurodégénératives comme la maladie d'Alzheimer. Ce niveau élevé de protection n'est cependant pas nécessaire dans toutes les situations.

Histoire d'en parler...

Une tutelle nécessaire

Théo a récemment reçu un diagnostic de maladie d'Alzheimer légère. Comptable de métier, il ne tolère pas qu'on se mêle de ses affaires financières. Sa conjointe a cependant remarqué que l'augmentation de la valeur de son portefeuille en bourse était bien en deçà du marché. Il refuse malgré tout de recevoir de l'aide de quiconque. À la suite d'une évaluation médicale s'appuyant sur les évaluations d'un neuropsychologue et d'une travailleuse sociale, on demande une tutelle aux biens. Le juge confirme la tutelle et décide que Théo doit faire approuver ses transactions par un professionnel autorisé, à qui il confiera finalement la gestion de l'ensemble de ses finances.

Faire homologuer ou non le mandat de protection ?

Raymonde, 72 ans, consulte en clinique de cognition à la demande de son frère, qui veut faire homologuer son mandat de protection. Elle est la troisième d'une fratrie de six à présenter une maladie d'Alzheimer. Elle présente un déclin modéré à sévère, mais elle vit seule en appartement à proximité de son frère qui, avec sa femme, vient l'aider tous les jours. Il gère pour elle ses revenus de pension et un capital de 50 000 dollars. La belle-sœur de Raymonde lui donne un bain deux fois par semaine, prépare ses vêtements, concocte des repas faciles à manger et fait le ménage. La travailleuse sociale les rencontre régulièrement pour les épauler. Raymonde est très apathique et ne sort plus à l'extérieur. Elle devient parfois très irritable quand on lui donne des conseils. On comprend que le frère de Raymonde veut faire homologuer son mandat parce qu'il a été traumatisé par les abus financiers dont a été victime son propre frère, qui avait reçu un diagnostic à 55 ans. Par contre, dans la situation actuelle, il n'y a aucun risque d'abus et l'homologation du mandat n'est pas nécessaire.

Le consentement aux soins

Votre proche doit toujours donner son consentement aux soins (hygiène, administration de médicaments, investigation diagnostique, etc.), même si son TNCM est avancé et qu'il ne comprend pas parfaitement les enjeux. Cela est aussi vrai s'il est sous régime de protection (tutelle ou curatelle) et sous mandat homologué. Il faut tenter de respecter le plus possible les souhaits de la personne en ce qui concerne les soins prodigués.

Lorsqu'une personne est inapte à consentir à un soin, les soignants doivent obtenir l'autorisation de son représentant légal (tuteur ou curateur privé*, mandataire, Curateur public). En l'absence de représentant légal, les personnes pouvant consentir au soin à la place de la personne inapte sont, dans l'ordre, le conjoint (époux, conjoint civil ou de fait), les enfants, un proche parent ou une personne qui a un intérêt bienveillant pour le patient.

Dans l'immense majorité des cas, cela ne présente aucun problème. L'intervention du médecin et du travailleur social est toutefois nécessaire en cas de conflit quant au choix du traitement à privilégier ou de divergences d'opinions entre les enfants d'une famille lorsqu'il n'y a ni curateur, ni conjoint, ni enfant reconnu comme le plus proche parent.

Si la personne refuse catégoriquement un soin, on ne peut le lui imposer contre son gré, à moins de faire une démarche auprès du tribunal. En cas de refus catégorique de la personne inapte, il est conseillé de reconsidérer la pertinence de l'examen ou du traitement qu'on souhaite imposer. Si le traitement est jugé urgent et nécessaire en raison de l'état de santé de la personne, qu'il s'agit de soins d'hygiène ou que le patient est en garde préventive parce qu'il présente une dangerosité grave pour lui-même ou pour autrui, on peut procéder au soin avant d'obtenir l'autorisation du tribunal.

Pour une intervention moins urgente, comme l'orientation vers un CHSLD ou l'administration d'un traitement pouvant attendre quelques jours, le cas doit être présenté à la Cour supérieure du Québec par les professionnels impliqués. Ils doivent ainsi déposer une demande d'autorisation de traitement contre le gré de la personne. Le cas de Lise, qui est relativement exceptionnel, permet d'illustrer cette mesure.

Histoire d'en parler...

Lise

Lise, une femme de 85 ans, est admise à l'hôpital trois semaines après le décès de son fils. Elle présente un tableau de dépression et un délire de persécution. Elle s'oppose aux soins et refuse régulièrement de manger. Elle dit qu'elle veut mourir et refuse souvent la médication. Elle se plaint que des rats viennent lui ronger les doigts la nuit (elle souffre d'une polyneuropathie* douloureuse). Les membres de l'équipe soignante et de la famille ne sont pas à l'aise d'administrer les médicaments et le soluté de force, mais ils ne sont pas prêts à envisager des soins de confort. Les causes de délirium autres que la dépression ont été éliminées. Après une consultation avec le psychiatre, la famille décide de faire des démarches auprès du tribunal pour obtenir une autorisation de traitement pour la dépression et la condition médicale. L'ordonnance de traitement est autorisée par le juge pour une période de 28 jours. Grâce aux traitements imposés, Lise finit par émerger de sa dépression et par retourner à sa résidence.

Les patients doivent signer un formulaire de consentement général au moment de l'admission à l'hôpital ou encore de la référence ou de l'évaluation par le CLSC. Ils doivent aussi donner leur consentement lorsqu'ils doivent se soumettre à une chirurgie ou à un examen considéré comme invasif. L'équipe soignante fera appel à un proche si elle constate que le patient ne comprend pas bien la procédure ou qu'il est inapte à donner son consentement. Il faut se rappeler que, sauf en cas d'urgence, on doit respecter le refus catégorique du patient jusqu'à ce que le tribunal autorise le traitement. Le patient a toujours le droit de refuser un traitement, à moins que le tribunal n'en décide autrement.

Et à la fin, qu'est-ce que j'en retiens ?

✓ Il existe des moyens de veiller à la protection de la personne et des biens de votre proche.

✓ Certains moyens peuvent être mis en place dès l'annonce de la maladie ou à tout autre moment en rédigeant un mandat de protection en cas d'inaptitude.

✓ Il existe d'autres mesures lorsque les circonstances n'ont pas permis de se préparer (régimes de protection).

✓ Il n'est pas toujours nécessaire de faire homologuer un mandat d'inaptitude ou d'ouvrir un régime de protection. Il s'agit en effet d'un processus laborieux, coûteux et chargé en émotions. Si votre proche a un bon réseau d'entraide, qu'il collabore bien aux soins et qu'il ne possède pas d'immeubles, de biens de grande valeur ou d'importants placements, il peut simplement être aidé par un membre de son entourage. En revanche, en cas de soupçons d'abus, il faut recourir à un mode de protection légal.

✓ En ce qui a trait au consentement aux soins, il n'est pas nécessaire d'être le mandataire, le tuteur ou le curateur de la personne pour autoriser un soin. Le conjoint sera cependant la première personne consultée, et ce, avant d'autres membres de la famille.

✓ En cas de refus catégorique, s'il n'y a pas d'urgence, c'est le tribunal qui autorisera les soins.

11

L'éventualité de l'hébergement

Avec l'évolution de la maladie dégénérative, le maintien à domicile devient très souvent moins sécuritaire et plus difficile pour la personne atteinte et le proche aidant.

Plusieurs motifs ou combinaisons de facteurs peuvent susciter la réflexion menant à la décision difficile de l'hébergement.

- La sécurité à domicile de votre proche est compromise (chutes fréquentes, oublis de s'alimenter, erreurs dans la prise de la médication, comportement imprévisible ou aberrant, etc.).
- Les soins que votre proche doit recevoir à présent ne sont pas disponibles à domicile ou en quantité suffisante pour combler les besoins.
- Votre état de santé physique ou psychologique ne vous permet plus de continuer à assumer pleinement votre rôle de proche aidant.

La démarche d'hébergement peut être simple si votre proche comprend bien la décision ou qu'il est trop atteint pour se rendre compte de ce qui se passe. Elle peut à l'inverse être complexe si votre proche est anosognosique de son état, qu'il n'a plus d'empathie, qu'il ne comprend pas vos inquiétudes ou votre fatigue ou encore qu'il refuse catégoriquement. L'équipe de soins tentera de le convaincre qu'il s'agit de la bonne décision, mais des mesures légales pourraient devoir être prises.

La décision concernant l'hébergement est personnelle et propre à la situation. En effet, chaque proche aidant chemine à son rythme dans l'acceptation de cette étape et de son caractère inévitable. Vos proches et les intervenants en santé qui vous soutiennent vous accompagneront dans cette décision, qui est souvent chargée en émotions. Il est primordial de ne pas vous laisser envahir par la culpabilité. En effet, cette décision ne doit pas être vue comme un abandon, mais plutôt comme un choix qui vous permettra d'accompagner différemment votre proche. Ce moment se veut une transition vers une nouvelle étape. En ce sens, son placement dans un milieu d'hébergement ne marque pas la fin de votre rôle de proche aidant, mais plutôt sa transformation.

Si vous commencez à envisager l'option de l'hébergement, c'est sans doute parce que le degré d'autonomie de votre proche a diminué et qu'il faut idéalement plus d'une personne pour lui prodiguer les soins et veiller à sa sécurité. L'équipe de soins du milieu de vie où votre proche sera hébergé aura besoin de votre collaboration pour mieux connaître ses habitudes, ses préférences et son histoire de vie. Vous serez ainsi la personne toute désignée pour contribuer à personnaliser son environnement, ses soins et sa routine. Évidemment, il est possible que certaines façons de faire de l'établissement ne correspondent pas à vos attentes ou à votre compréhension de la situation. N'hésitez pas à poser les questions qui vous tracassent, à remettre en question les façons de faire ou à offrir des suggestions pour améliorer la façon d'apporter des soins. En communiquant honnêtement et respectueusement avec l'équipe de soins, vous continuerez de veiller concrètement au confort et au bien-être de votre proche.

Vous devrez par ailleurs continuer à prendre soin de vous. Votre rôle de proche aidant, même s'il se transforme, est toujours associé à une charge psychologique, physique et émotive importante. Ainsi, nous vous invitons à garder du temps pour faire régulièrement des activités plaisantes qui favorisent le ressourcement. Dans le cadre de cette nouvelle étape, vous pourrez plus aisément vous consacrer à l'être cher selon votre niveau d'énergie, préserver votre santé et mettre de côté vos inquiétudes quant à sa sécurité. Rappelons par ailleurs que puisque les soins de routine seront désormais faits par les intervenants, vous pourrez passer plus de temps de qualité avec votre proche lors de vos visites.

En somme, l'étape de l'hébergement marque une transformation dans votre rôle de proche aidant, mais il n'en demeure pas moins important. Cette transformation vous donne en outre la possibilité de veiller à votre propre santé et, ainsi, poursuivre votre accompagnement auprès de l'être cher aussi longtemps que souhaité.

Il existe deux réseaux d'hébergement : le public et le privé.

Le réseau public

Dans le réseau public, le milieu d'hébergement est déterminé selon la sévérité de la perte d'autonomie (incapacités).

- Les **ressources de type familial** (RTF) sont des ressources administrées par des propriétaires à leur domicile privé. Ces résidences accueillent un maximum de neuf adultes.
- Les **ressources intermédiaires** (RI) sont destinées aux personnes en perte d'autonomie modérée. Le milieu doit être adapté aux besoins de la clientèle et offrir des services de soutien et d'assistance.
- Les **CHSLD publics et privés conventionnés** sont destinés aux personnes souffrant d'une perte d'autonomie sévère. Ces centres emploient des professionnels capables d'offrir des soins infirmiers, médicaux, psychosociaux, pharmaceutiques et de réadaptation.

Pour être admise dans un hébergement du réseau public, la personne doit signer le formulaire intitulé « Classification par types en milieu de soins et services prolongés » (CTMSP), rempli par le médecin de famille ou le spécialiste de la clinique. Le travailleur social doit quant à lui remplir un formulaire intitulé « Outil de cheminement clinique informatisé » (OCCI), qui vise notamment à dresser le profil fonctionnel de la personne et de ses besoins. Il s'occupe ensuite d'acheminer la demande d'admission. Enfin, le Mécanisme d'accès en hébergement (MAH) détermine le type d'hébergement qui correspond le mieux aux besoins de votre proche en s'appuyant sur les documents transmis par l'équipe de soins.

Un certain nombre de centres sont sélectionnés et le travailleur social demande à la personne et à son entourage d'en prioriser deux. Sachez qu'on ne peut pas refuser un hébergement au motif qu'il n'offre pas de chambre individuelle. Aussitôt qu'il sera admis, votre proche sera inscrit sur la liste d'attente pour l'obtention d'une chambre individuelle. Il est par ailleurs inutile de communiquer directement avec le CHSLD, la ressource intermédiaire ou la ressource de type familial pour obtenir de l'information, car celle-ci doit vous être fournie par le travailleur social. Une fois que la place est confirmée, vous disposez de 24 heures pour procéder à l'admission.

Selon le lieu d'hébergement choisi, le délai d'attente pour l'admission peut varier en moyenne de 6 à 18 mois. Il est impossible de connaître votre position sur la liste d'attente ou le temps d'attente. La position sur la liste d'attente peut en effet varier selon le degré d'urgence des autres cas. Le loyer mensuel est déterminé en fonction des revenus de votre proche jusqu'à un maximum déterminé par le gouvernement pour couvrir les frais généraux d'hébergement.

Advenant la nécessité d'un hébergement urgent, votre proche pourra être orienté vers un lieu d'hébergement transitoire en attendant son admission dans la ressource de votre choix. Vous ne pourrez cependant pas choisir le lieu d'hébergement transitoire, car la place est octroyée selon les lits qui se libèrent dans les établissements du territoire.

L'hébergement devient nécessaire dans certaines circonstances, par exemple en cas d'hospitalisation compliquée d'un délirium et d'une aggravation des incapacités fonctionnelles ou d'une récupération insuffisante qui compromet l'autonomie au domicile. La personne sera alors dirigée vers une unité de soins postaigus (SPA) ou un CHSLD de son territoire. Dans certains cas exceptionnels, un retour à domicile est envisagé avec l'accord de la famille et lorsqu'on juge que la personne est en sécurité. Des services intensifs d'aide à domicile sont alors fournis par le CLSC.

Vous pouvez opter temporairement pour une ressource privée et maintenir la demande d'accès à l'hébergement public. Cependant, si la situation n'est plus urgente et que votre proche est en sécurité, la demande d'hébergement dans le réseau public n'est plus considérée comme prioritaire.

Le réseau privé

- Il existe une vaste gamme de résidences privées qui offrent des services susceptibles de vous faciliter la vie au quotidien, notamment la préparation des repas, la distribution de la médication, l'aide à l'hygiène personnelle, le service d'entretien ménager et de lessive, etc.
- Il est important de visiter les établissements qui vous intéressent et de vous informer des services et forfaits disponibles.
- De plus en plus de résidences privées offrent des unités pour personnes autonomes et des unités pour personnes semi-autonomes. Cela peut être intéressant pour les personnes atteintes de maladies dégénératives. Ainsi, lorsque la maladie progresse, on peut changer d'unité sans avoir à quitter l'établissement. Il faut bien sûr avoir la capacité financière requise pour payer ces services.
- Plusieurs agences se spécialisent maintenant dans l'accompagnement pour la recherche d'une résidence. Ce service est habituellement gratuit.

L'ordonnance d'hébergement

Quand le retour ou le maintien à domicile est jugé non sécuritaire et que votre proche refuse catégoriquement l'hébergement, une demande d'ordonnance d'hébergement doit être déposée. Votre proche devra comparaître devant le juge et démontrer qu'il connaît sa maladie et ses conséquences. Il devra expliquer la ou les raisons qui motivent son refus. Le médecin et le travailleur social auront justifié au préalable leur décision devant le juge. Ce dernier tranchera après avoir entendu les arguments des deux parties. S'il entérine la décision d'hébergement, le patient ne pourra pas refuser ce soin.

Dans le droit québécois, l'autonomie de la personne a plus de valeur que la sécurité. L'équipe de maintien à domicile doit ainsi prouver que le danger est imminent pour justifier une audience au tribunal et une ordonnance d'hébergement.

Le cas suivant illustre cette réalité et met en lumière quelques points d'intérêt :

- La difficulté d'établir un pronostic ;
- Les limites du maintien à domicile ;
- L'importance des valeurs de la personne, qui privilégie l'autonomie au détriment de la sécurité ;
- La complexité du système et ses paradoxes.

Histoire d'en parler...

Sophia

Sophia est âgée de 92 ans. Elle est porteuse d'une colostomie et souffre d'insuffisance cardiaque et d'un TNCM mixte modéré. Elle souhaite mourir chez elle. Elle vit seule, mais elle reçoit la visite de ses cinq enfants, qui vivent tous à plus de 20 kilomètres de là.

Après une hospitalisation, il y a un an, le maintien à domicile est devenu si complexe et risqué que la travailleuse sociale et le médecin de famille ont décidé de faire une demande d'hébergement. Sophia a finalement accepté, à contrecœur, car on lui a dit que le processus était très long et qu'elle pourrait toujours refuser le moment venu.

Elle reçoit des visites à domicile trois fois par jour. Une préposée l'aide avec la toilette du matin, le changement de jaquette, les soins de colostomie et la prise de médicaments. Elle réchauffe aussi les repas. Les enfants s'occupent de la gestion des biens et du domicile. Ils font les courses, le ménage, le lavage et les repas. Sophia est alitée 20 heures par jour. Les enfants doivent donc fréquemment lui rendre visite pour s'assurer que tout va bien.

Ils ont toujours respecté les désirs de leur mère, mais ils sont inquiets et épuisés. Quand la travailleuse sociale se présente au domicile de Sophia, celle-ci se dit autonome et prétend qu'elle fait toujours beaucoup de couture et de travaux de crochet.

Un matin, sa fille lui rend visite une heure après le départ de la préposée et la trouve essoufflée, incohérente, incapable de se lever. Sophia est admise à l'hôpital pour une insuffisance cardiaque compliquée d'un délirium.

Son état se stabilise cinq jours plus tard. Elle est évaluée et traitée par l'équipe de soins. Elle demande chaque jour son congé au médecin traitant, qui le lui signe sept jours plus tard. La famille s'oppose et exige une rencontre. La travailleuse sociale constate effectivement que Sophia est dans le même état clinique qu'à domicile. Une rencontre est organisée avec le gestionnaire responsable de l'hébergement et les professionnels concernés. Sophia dort pendant une bonne partie de la réunion. Quand on lui demande son avis, elle répond simplement qu'elle préfère retourner chez elle et qu'il n'y a pas de danger.

Le gestionnaire clôt la discussion en disant qu'il n'y a pas matière à demander une ordonnance d'hébergement. Sophia retourne chez elle dès le lendemain. La famille préfère ne pas la déménager contre son gré en résidence privée en attendant l'hébergement, qui est maintenant jugé urgent. Sophia est réhospitalisée quelques jours plus tard pour une chute et elle n'est plus assez lucide pour s'opposer à son hébergement.

Sophia a reçu les soins qu'elle souhaitait, au prix d'une grande implication et d'un grand stress pour son entourage.

Et à la fin, qu'est-ce que j'en retiens ?

✓ La grande majorité des gens souhaitent rester à leur domicile le plus longtemps possible. Plusieurs facteurs détermineront si ce souhait est réalisable ou non.

✓ Le placement du proche dans un milieu d'hébergement ne marque pas la fin de votre rôle de proche aidant. Il se transforme, certes, mais il demeure tout aussi important.

✓ La capacité dont fait preuve votre proche pour comprendre sa situation et s'y adapter peut influencer le chemin emprunté... L'hébergement peut cependant parfois devenir nécessaire pour des raisons de sécurité.

✓ Il existe différents types d'hébergement dans les réseaux public et privé. L'admission dans le réseau public est limitée par des critères bien précis et des listes d'attente (pour les cas moins urgents), tandis que l'admission dans le réseau privé est souvent influencée par les coûts.

✓ Si la personne refuse catégoriquement l'hébergement et qu'elle se trouve dans une situation de précarité extrême, une demande d'ordonnance d'hébergement doit être déposée auprès d'un juge.

12

L'espoir réside dans la recherche

Dans la deuxième moitié du XXe siècle, des avancées prodigieuses ont été accomplies dans le développement des connaissances visant à comprendre, prévenir et traiter les maladies cardiovasculaires et à améliorer la qualité de vie et la survie des gens. Le XXIe siècle est quant à lui considéré comme le siècle de la recherche sur le cerveau. Tous les espoirs sont désormais permis.

Les connaissances sur le cerveau se développent de façon exponentielle grâce, notamment, à certaines avancées technologiques qui nous permettent littéralement de « voir le cerveau penser ». Rappelons que la première description clinique et pathologique (lésions cérébrales) de la maladie d'Alzheimer a été publiée en 1906 par le médecin et psychiatre allemand Aloïs Alzheimer, dont les travaux sont par la suite tombés dans l'oubli. Ce n'est que depuis une trentaine d'années que les scientifiques ont recommencé à s'y intéresser. C'est de toute évidence l'accroissement du nombre et du pourcentage des personnes âgées dans la population qui a relancé et catalysé l'intérêt des scientifiques pour cette maladie et pour les maladies apparentées. La forme la plus commune de la maladie est en effet la forme sporadique tardive, qui est associée au grand âge. Nous sommes appelés à vivre vieux, certes, mais nous voulons rester en possession de nos moyens !

Le dépistage et le traitement précoces des facteurs de risque, l'accélération des transferts à l'hôpital et le développement de médicaments plus efficaces ont permis de contenir les maladies cardiovasculaires. Ces résultats sont le fruit des efforts synergiques déployés par les intervenants de la recherche fondamentale, biomédicale et psychosociale, et de la recherche en santé publique. Les progrès que nous espérons accomplir dans le contrôle des maladies neurodégénératives qui touchent la cognition s'appuient sur les mêmes principes.

Il se peut qu'au cours d'une visite en clinique de cognition spécialisée, on propose à votre proche de participer à un projet de recherche. Toute personne adulte capable de donner un consentement libre et éclairé ou dont le mandataire peut donner un consentement substitué peut participer à la recherche. On recrute des personnes atteintes de la maladie, mais aussi des personnes qui n'en sont pas atteintes en vue de créer des groupes de comparaison ou des groupes de contrôle pour évaluer les résultats d'une intervention.

Chaque projet de recherche a ses propres objectifs et modalités de participation. Certains emploient de simples questionnaires téléphoniques ou réalisés en personne, tandis que d'autres exigent la passation de tests spécialisés en neuro-imagerie, des examens physiques ou des prélèvements sanguins. Le nombre de visites ou de déplacements varie en fonction du protocole.

Votre proche et vous n'avez aucune obligation d'accepter une invitation à participer à un projet de recherche. La participation est basée sur un geste purement altruiste. Prendre des informations sur la nature d'un projet ou accepter de rencontrer la personne responsable du recrutement ne vous contraint en aucun cas à participer au projet. De la même façon, il se peut que votre candidature ou celle de votre proche ne soit pas retenue parce qu'elle ne satisfait pas aux critères d'inclusion de l'étude (autrement dit, le profil recherché) ou que le chercheur estime que le projet pourrait porter préjudice à votre proche ou à vous-même. Les professionnels sont tenus de respecter le principe de la responsabilité professionnelle ainsi que leur code de déontologie, même quand ils portent leur chapeau de chercheur.

La participation à un projet de recherche doit toujours se faire sur une base volontaire. Vous avez aussi le droit de changer d'idée ou de vous retirer du projet en tout temps, sans avoir à vous justifier. On vous demandera d'abord de lire un formulaire intitulé « Consentement à la recherche », qui contient tous les renseignements que vous devez connaître pour vous engager dans le projet en pleine connaissance de cause. Sachez que refuser de participer à un projet de recherche ne compromettra en rien la qualité des soins et des services qui pourraient vous être offerts ultérieurement ou la possibilité de participer à d'autres projets à l'avenir. Tous les projets de recherche menés au pays doivent avoir reçu l'approbation d'un comité scientifique et d'un comité d'éthique. Ces derniers ont pour mandat de s'assurer de la qualité et de la pertinence des projets qui leur sont soumis. Enfin, sachez que le principe de confidentialité est strictement respecté. Ainsi, votre anonymat sera préservé et aucun individu non autorisé n'aura accès aux données que vous aurez fournies.

Au Canada, il est illégal de payer un individu pour qu'il accepte de participer à un projet de recherche. Il est cependant permis d'offrir des montants considérés comme « compensatoires » pour les frais ou les risques encourus.

La nature des projets de recherche

Certains projets sont de nature épidémiologique, c'est-à-dire qu'ils portent sur de vastes groupes d'individus et visent à les caractériser d'un point de vue clinique (questionnaires, examens physiques, tests psychologiques, prises de sang, examens neuroradiologiques). Dans ce type de projets, les évaluations sont habituellement effectuées annuellement et sur plusieurs années. Les données ainsi recueillies permettent, entre autres, d'établir les taux de prévalence* ou d'incidence* des TNCM. C'était d'ailleurs l'objectif principal de la grande étude intitulée *Santé et vieillissement au Canada,* qui a été réalisée en trois vagues, respectivement menées en 1991, 1996 et 2001. Certaines études de cohorte (suivi à long terme d'un groupe de participants) ont pour but de déterminer les facteurs de risque de la maladie, d'en étudier la progression, voire d'identifier des individus présentant des caractéristiques communes pour leur proposer des interventions visant à ralentir la progression ou changer le cours de la maladie. Le Consortium pour l'identification précoce de la maladie d'Alzheimer-Québec (CIMA-Q), un regroupement créé en 2015 qui rassemble des universitaires de Montréal, Québec et Sherbrooke, en est un exemple.

En réalité, toutes les facettes de la maladie et ses conséquences sur les personnes atteintes font l'objet d'études cliniques d'observation ou d'intervention : communication, autonomie au quotidien, sécurité et valeur thérapeutique de l'environnement, gestion des symptômes psychologiques et comportementaux, sommeil, état nutritionnel, intégration sociale, etc. Des programmes d'intervention ont été créés afin d'améliorer la mémoire ou l'attention des aînés et des personnes qui présentent des troubles cognitifs légers, mais qui ne sont pas considérées comme atteintes de maladies cognitives. On sait que retarder l'apparition de la maladie a une incidence majeure sur le bien-être des individus qui vieillissent et des familles ainsi que sur le système de santé et la société en général.

Certains projets de recherche s'intéressent directement au vécu, aux besoins et au bien-être des aidants. Ils visent souvent à développer des approches interventionnelles pour mieux les soutenir. Les participants finissent donc en quelque sorte par collaborer à la conception d'études ultérieures.

Comme dans le cas d'autres maladies ayant une grande résonance biopsychosociale, comme le SIDA, des recherches en laboratoire ont permis l'élaboration de médicaments prometteurs. Ces derniers sont d'abord testés sur des animaux avant de l'être sur des humains dans le cadre d'essais pharmaceutiques. Ils doivent avoir passé avec succès les étapes visant à valider leur efficacité et leur sécurité avant d'être utilisés chez l'humain. Les projets de recherche portant sur la maladie d'Alzheimer sont de plus en plus souvent orientés vers la mise au point de traitements permettant d'en arrêter la progression. On cible donc des personnes qui présentent des facteurs de risque, mais chez qui la maladie n'est pas encore manifeste.

D'autres recherches utilisent des produits biologiques comme le sang ou le liquide céphalorachidien. Dans l'étude CIMA-Q, par exemple, des biologistes ont recueilli des cellules sanguines de donneurs atteints de la maladie d'Alzheimer et les ont mises en culture afin de permettre l'organisation de sous-études en laboratoire.

Et à la fin, qu'est-ce que j'en retiens ?

- ✓ La participation à la recherche est un geste altruiste, un don de soi. On ne doit pas en attendre un bénéfice personnel même si cela peut se produire.
- ✓ Il est possible de contribuer à la recherche sur la maladie d'Alzheimer ou sur d'autres maladies apparentées, qu'on en soit atteint ou non.
- ✓ Les activités de recherche sont menées par des chercheurs qualifiés qui sont membres d'un centre de recherche agréé.
- ✓ Avant de commencer ses travaux, le chercheur doit soumettre son projet à l'approbation d'un comité scientifique et d'un comité d'éthique de la recherche.
- ✓ Vous pouvez consulter les résumés des projets qui demandent la participation de personnes dans les centres de recherche en consultant leur site web ou en les contactant directement par téléphone. Il est aussi possible de consulter la section « Recherche » du site web de la Société Alzheimer du Canada[1].

1. https://alzheimer.ca

Témoignages

Voici deux témoignages de personnes ayant accompagné jusqu'à la fin de leur vie un parent atteint d'un trouble cognitif. La fille de Suzanne, dont vous avez fait la connaissance au chapitre 5, et celle de Roland (une coauteure du livre), dont il est question au chapitre 8, racontent leur cheminement.

Ma mère

Il est impossible de résumer en quelques lignes toute la richesse de l'expérience que j'ai vécue en accompagnant ma mère dans sa maladie d'Alzheimer. Je vais tenter de vous livrer un témoignage simple et sincère à partir de quelques situations et évènements plus significatifs. Malgré mes nombreuses années de travail auprès des personnes âgées, je me suis sentie parfois très démunie.

Vous venez de lire un condensé de ce qu'on connaît à ce jour sur cette maladie. Aussi déroutante et pénible soit-elle, la maladie, si on sait bien l'aborder, peut être l'occasion d'un rapprochement que vous n'aurez jamais l'occasion de revivre. J'aimais ma mère et j'ai pu compter sur elle toute ma vie. Qu'elle puisse à son tour compter sur moi pour traverser cette épreuve n'était pas seulement un juste retour des choses, c'était une expérience de vie partagée à travers laquelle j'ai moi-même évolué.

La priorité, selon moi, c'est de maintenir la communication. Avec le temps et de la patience, nous avons créé, ma mère et moi, une sorte de bulle dans laquelle les propos répétitifs ponctués de silences et de gestes familiers nous permettaient de nous comprendre, même à un stade avancé de la maladie. Ensemble, nous avons appris à « parler Alzheimer », une expression que j'ai entendue dans un documentaire sur cette maladie. Je ne répéterai pas tous les conseils qu'on vous a donnés au chapitre 6, mais relisez-les, car ils vous seront fort utiles. Dans mon cas, établir une communication confiante, calme et chaleureuse a été la première étape. Cela nous a permis de passer ensemble des moments agréables.

J'ai communiqué ces quelques trucs à mes frères pour que nous travaillions tous dans le même sens. Chacun à notre façon et selon nos disponibilités, nous avons cherché à lui rendre la vie plus agréable malgré sa maladie. Ma mère a toujours été une femme sociable et communicative. En vieillissant, elle avait encore des choses et des émotions importantes à exprimer et elle avait droit à notre respect. Cette bonne communication nous a permis d'accepter plus facilement sa maladie.

Nous avons ainsi continué de réunir la famille occasionnellement même si, d'une fois à l'autre, elle reconnaissait de moins en moins de personnes. Sa mémoire affective étant préservée, elle sentait bien la chaleur familiale qui l'entourait. La présence des enfants la touchait tout particulièrement.

Le deuxième aspect que j'aimerais aborder, c'est l'importance de l'activité physique comme antidote à l'ennui et à la frustration qui, comme on vous l'a expliqué, sont souvent à l'origine des comportements difficiles. Ma mère a toujours été sportive. Durant les cinq dernières années de sa maladie, il n'y avait plus que la marche qu'elle pouvait pratiquer en toute sécurité. Qu'à cela ne tienne, nous en avons profité pour faire des promenades au bord du fleuve, en toutes saisons, dans un parc où nous avions pris nos habitudes. À l'occasion, mes frères et ma belle-sœur l'y accompagnaient aussi. Nous avons vécu quelques moments magiques que j'ai immortalisés. Sur l'une des photos prises à cette époque, une mésange est posée sur la main qu'elle a tendue pour lui offrir des graines de tournesol.

Je l'ai aussi guidée et accompagnée pour faire les boîtes à fleurs dont elle a garni le petit balcon de la résidence pour personnes âgées où elle avait emménagé après avoir quitté sa maison. Pendant près de 50 ans, elle avait jardiné autour de cette maison, qu'elle avait dû vendre à la suite du décès subit de mon père qui, jusque-là, avait compensé plusieurs de ses déficits. Après l'annonce du diagnostic d'Alzheimer, un an auparavant, le deuil de son mari et celui de sa maison sont venus s'ajouter à son désarroi. L'entretien des petites fleurs de son balcon lui a fait retrouver un plaisir de sa vie d'avant la maladie, donnant en quelque sorte un sens à sa vie.

Le dernier aspect que j'aimerais aborder, ce sont les moments difficiles, car il y en a eu, évidemment : le retrait du permis de conduire, qu'on lui a fait accepter en lui promettant qu'on l'accompagnerait dans ses sorties ; la gestion de ses finances, qu'elle a accepté de confier à l'un de mes frères. Mais cela ne s'est pas fait sans heurts ni même sans crises de sa part. Nous avons géré ces situations en famille et avec les différents intervenants de la santé. Il a fallu beaucoup de compréhension et de patience, car les deuils ne faisaient que s'accumuler pour elle.

Le moment le plus difficile a sans doute été le transfert de ma mère à l'unité prothétique de la résidence, mieux adaptée au stade plus avancé de sa maladie. Elle a cru, au début, qu'elle y était emprisonnée et qu'on l'avait abandonnée. Avec l'aide du médecin et du personnel de la résidence, et en augmentant la fréquence de nos visites, nous avons réussi à favoriser son adaptation à son nouveau milieu de vie.

Elle a même fini par s'y sentir choyée et heureuse. Même à ce stade, nous avons continué nos promenades au bord du fleuve pour qu'elle n'ait pas l'impression d'être enfermée.

Heureusement, dans les moments difficiles, j'ai pu compter sur un bon réseau de soutien, soit mes frères et une belle-sœur. Nous avons pris ensemble toutes les décisions importantes. Ils ont parfois pris le relais pour que je puisse m'octroyer des pauses et des vacances. J'ai appris à leur faire confiance, même s'il m'arrivait de croire que j'étais la mieux placée pour m'occuper de ma mère. Une aidante principale ne doit pas prendre toute la place, voilà ce que j'ai appris.

De précieux amis m'ont aussi patiemment écoutée quand j'en ai eu besoin, notamment ceux que j'ai côtoyés dans le cadre d'un atelier d'écriture qui m'a permis de mettre des mots sur ce que je ressentais.

Une intervenante de la Société Alzheimer m'a un jour prêté une oreille attentive et prodigué de judicieux conseils dans un moment de découragement.

Je n'ai pas eu à demander les services du CLSC, car ma mère a rapidement accepté d'aller vivre dans une résidence pour personnes âgées, où elle a reçu les soins et services que son état exigeait. Vous n'aurez peut-être pas cette chance : n'hésitez pas à aller chercher l'aide dont vous avez besoin.

Enfin, il y a toute l'équipe de la clinique de cognition : les médecins, infirmières, ergothérapeutes et autres intervenants qui nous ont accompagnés et guidés aux différents stades de la maladie. Ma mère s'y sentait toujours en confiance et l'accueil y a toujours été chaleureux et souriant.

J'aimerais conclure ce témoignage en vous invitant à relire ce livre, en tout ou en partie, chaque fois que vous vous poserez des questions ou que vous rencontrerez des difficultés. Il vous aidera à mieux comprendre votre proche et à mieux l'aider. Chaque histoire, chaque situation est unique. Il faut donc faire preuve de créativité et vivre pleinement cette expérience en s'y abandonnant. Il est inutile de résister, car on ne peut malheureusement rien contre cette maladie dont nous serons peut-être nous-mêmes atteints un jour. Votre proche n'en est pas non plus responsable.

Deux ans après son décès, ma mère me manque encore. À travers l'épreuve de la maladie, elle m'a donné une importante et ultime leçon de vie et de courage que je n'oublierai jamais, même si je dois moi-même être un jour atteinte de la maladie d'Alzheimer.

Louise

Ma famille

Nous avons chacun des connaissances, des expériences et une façon d'envisager la vie qui nous sont propres. J'ai en tête mille histoires de patients et de familles pleines d'émotions et de rebondissements, mais il est toujours plus facile de parler de sa propre histoire.

J'adorais ma grand-mère parce qu'elle était bonne, généreuse, accueillante et, bien sûr, parce que mon père la vénérait. Cette maîtresse d'école de rang, grande catholique, a eu 11 enfants. Elle travaillait à la ferme avec son mari et ce n'est qu'à la retraite qu'elle a pu se reposer.

Mon grand-père a sans doute remarqué les changements dans les comportements de sa femme et les altérations de sa mémoire, mais il avait tellement d'admiration pour elle qu'il n'osait pas en parler. Il savait fort bien que, dans sa belle-famille, on « retombait en enfance ». D'après les sagas familiales qui se transmettaient d'une génération à l'autre, la grand-mère de sa femme avait dû être gardée dans une chambre équipée d'une demi-porte. On racontait aussi qu'il arrivait que le pot de chambre « revole ». La famille avait donc déjà été gravement éprouvée. Heureusement, la maladie arrivait tardivement et sa transmission n'était donc pas dominante. La sœur et le frère de ma grand-mère en ont cependant aussi été atteints.

Je me souviens que ma tante, qui n'avait pas d'enfant, est venue passer quelques étés chez ses parents à la campagne. Elle a beaucoup cherché les bijoux et les clés que ma grand-mère se faisait soi-disant voler, un délire paranoïde courant chez les personnes atteintes de la maladie d'Alzheimer. Ma tante a facilement convaincu ses parents de venir passer les hivers en ville avec elle. Les liens familiaux étaient encore forts en 1971. À l'époque, j'ai reçu une lettre de ma grand-mère. Sa calligraphie était encore parfaite, mais toutes ses phrases convenues, sans véritables liens, se terminaient par des points de suspension. À la même période, elle avait glissé à l'oreille de mon père, en parlant de son mari : « Qui est le vieux au bout de la table ? » Mon père en avait été particulièrement chagriné, tout comme mon grand-père d'ailleurs. Elle avait des hallucinations : elle voyait la grange qui avait été démolie 10 ans plus tôt et des chevaux qui couraient dans les champs.

Puis sont venues les fugues pour rentrer chez elle, l'errance dans la maison, les nuits difficiles, l'incontinence, les chutes. Et, finalement, l'incapacité de parler et de marcher et les pleurs incontrôlables et presque silencieux.

Elle est finalement décédée à l'hôpital dans les bras de sa fille après avoir contracté une pneumonie. Ma tante était dévastée par la mort de son héroïne et mon père, horrifié de voir sa mère encore une fois victime : elle avait eu trop de grossesses, trop de labeurs et elle mourait finalement d'une mort qu'il considérait atroce, un sac de glace dans le dos pour faire baisser une fièvre à 40 °C. Les soins palliatifs n'existaient pas encore.

Mon grand-père et ses sœurs ont lentement perdu leurs capacités physiques jusqu'à ne plus pouvoir se déplacer. Ils souffraient d'hypertension, d'insuffisance cardiaque et d'arthrose. Personne ne s'inquiétait de leurs fonctions exécutives ou de leurs capacités. Ils étaient vieux. Mon grand-père a fait un délirium à la fin de sa vie. La veille de sa mort, à l'hôpital, il racontait qu'il était parti à bicyclette pour retourner dans son village. Sa fille a eu le même délire 30 ans plus tard. On veut toujours revenir aux sources...

Mes parents sont restés en grande forme physique jusqu'à tard dans leur vie. Mon père a commencé à avoir des hallucinations quand il est devenu aveugle, à 87 ans. Le délirium persistant qu'il a présenté après s'être fracturé la hanche a bouleversé ma mère. Comme nous étions toujours à l'hôpital, au chevet de mon père, nous étions trop fatigués pour nous occuper d'elle, qui voyait sa vie brisée. Malgré tout, elle a accepté que mon père revienne à la maison après sa réadaptation. Elle vivait enchaînée à son mari aveugle, qui la cherchait dès qu'il ne l'entendait plus. Quelques semaines avant sa mort, alors que je marchais avec lui et que je lui expliquais son déclin cognitif, il m'a dit, sidéré : « C'est donc comme ça que se sentent les pauvres Alzheimer comme maman ? » Ce grand agnostique a eu des doutes. Il avait peur de mourir, sa nature tourmentée revenait à la surface. Il a pu être apaisé par des soins de confort et par la présence de sa petite-fille 24 heures sur 24.

Après la mort de mon père, ma mère est sortie de l'ombre. Elle a pu continuer sa vie de grande lectrice, de joueuse de bridge et de scrabble. Elle avait une bonne expérience des troubles cognitifs, mais ce sont des chutes avec des traumatismes sévères aux bras qui l'ont obligée à cesser de conduire à 90 ans. Elle s'est adaptée, mais une importante surdité lui compliquait la vie. Nous discutions de son manque du mot et de son inattention. Peu à peu, ses activités se sont limitées à faire de courtes promenades à l'extérieur, à visionner des séries Netflix sous-titrées et à lire des livres aux intrigues simples. Sa vie était agréable, disait-elle, car elle pouvait prendre un bain le matin et s'occuper. Mais c'était la visite de ses deux enfants et de ses petits-enfants qui lui apportait le plus grand bonheur. Tous ses proches étaient morts. Elle ne comprenait plus ses voisines de palier.

Elle s'endormait de plus en plus souvent en espérant ne pas se réveiller. De nature optimiste, elle trouvait qu'elle avait quand même de la chance d'être aussi en forme à 93 ans. Elle est décédée des suites d'un accident dans le gymnase de son immeuble. Elle venait d'être remerciée de son club de cartes, où elle n'arrivait plus à suivre la cadence. Elle avait un trouble cognitif léger sans impact fonctionnel important pour son âge, mais tout est une question de point de vue. Elle a préféré se laisser mourir plutôt que de se battre.

J'ai été témoin de plusieurs comportements courants dans ma famille : cacher un problème cognitif, négliger le proche aidant au profit du malade. Mon père n'en pouvait plus que je surveille ses problèmes alors que ma mère me parlait facilement de ses troubles cognitifs, qu'elle analysait très bien. Il faut donc savoir moduler son approche, aborder le problème ou faire diversion, sourire, rire. Nos proches finissent par nous renvoyer notre propre reflet. Si vous êtes épuisé, laissez-vous aider. Lorsque votre rôle de proche aidant sera terminé, vous serez fier de vous. Vous aurez appris cette dernière leçon que nous donnent nos proches : comment affronter les pertes cognitives et fonctionnelles et, ultimement, la mort.

Judith

Conclusion

Nous espérons que ce livre vous a donné les outils nécessaires pour mieux comprendre, accompagner et protéger un proche souffrant d'un déclin cognitif. Vous savez maintenant que cette maladie est fréquente, surtout chez les femmes très âgées, que les symptômes varient selon la cause ou les zones cérébrales atteintes et que l'attention, la mémoire, les capacités exécutives et le langage sont les fonctions les plus susceptibles d'être touchées.

Votre proche gardera généralement sa personnalité et son caractère, même si certains traits risquent de s'accentuer ou de s'effacer. Il aura aussi moins de filtres au moment d'exprimer ses opinions et ses émotions. Il pourrait donc vous peiner, vous étonner ou encore vous faire sourire. Il plongera de plus en plus fréquemment dans son monde et ce seront vos souvenirs qui vous nourriront et vous motiveront à l'aider. Peut-être aussi sera-t-il plus conciliant et acceptera-t-il l'aide qu'il aurait autrefois déclinée ?

Il deviendra peut-être complètement dépendant et vulnérable ; vous l'accepterez et, si vous le visitez fréquemment, vous resterez une source d'apaisement par votre présence, votre voix, vos caresses et vos mots de réconfort. Si vous devez espacer vos visites, vous pouvez soutenir ceux qui restent plus présents.

Vous êtes assis face à nous à la clinique avec votre conjoint ou votre parent. Nous tentons de mieux vous connaître pour mieux vous aider. Peut-être trouvez-vous que nous posons trop de questions ou que nous ne vous laissons pas suffisamment parler ? Vous voyez votre proche ébranlé et vous en souffrez. S'il nie tout et devient irritable, vous ne savez plus quoi faire et vous devenez vous-même mal à l'aise ou irritable. Il se peut que vous nous trouviez trop insistants ou trop froids, ou que vous ayez l'impression que nous estimons mal la gravité du cas. Par moments, vous nous aimez beaucoup : nous devenons votre bouée de secours. Il arrive aussi que nous n'arrivions pas à cacher l'admiration que nous avons pour vous. Sachez que nous adorons notre métier et que chaque personne rencontrée représente une expérience humaine unique.

Annexes

Annexe 1 | Médicaments approuvés et disponibles au Canada pour le traitement de la maladie d'Alzheimer et d'autres maladies apparentées*

Classe du médicament	**Inhibiteur de l'acétylcholine stérase**			**Antagoniste du récepteur NMDA**
Nom générique	Donépezil	Galantamine	Rivastigmine	Mémantine
Nom commercial	Aricept^MD	Reminyl ER^MD	Exelon^MD Exelon 5^MD Exelon 10^MD	Ebixa^MD
Formulation	Comprimé	Comprimé	Comprimé OU timbre transdermique	Comprimé
Posologie (celle-ci est augmentée graduellement et doit être réévaluée en fonction de la tolérance)	5 mg DIE pendant 4 semaines, puis 10 mg DIE	8 mg DIE pour 1 mois 16 mg DIE pour 1 mois 24 mg DIE	En comprimé : 1,5 mg BID pour 1 mois 3 mg BID pour 1 mois 4,5 mg BID pour 1 mois 6 mg BID pour 1 mois En timbre : Exelon 5© pour 1 mois Exelon 10© DIE	5 mg DIE AM pour 1 semaine 5 mg BID pour 1 semaine 10 mg DIE AM +5 mg DIE PM pour 1 semaine 10 mg BID
Posologie minimale thérapeutique	5 mg DIE	16 mg DIE	3 mg BID ou Exelon 10 DIE	5 mg BID

*Tableau à jour en février 2020.

Classe du médicament	Inhibiteur de l'acétylcholinestérase			Antagoniste du récepteur NMDA
Nom générique	Donépezil	Galantamine	Rivastigmine	Mémantine
Nom commercial	Aricept[MD]	Reminyl ER[MD]	Exelon[MD] Exelon 5[MD] Exelon 10[MD]	Ebixa[MD]
Particularités	Prendre le matin avec de la nourriture.		Prendre le matin et le soir avec de la nourriture pour les comprimés. Changer le timbre toutes les 24 heures en prenant soin de bien retirer le précédent et de changer de site d'application. En cas de réaction cutanée, informer le médecin. Celui-ci pourra, au besoin, prescrire de la cortisone à vaporiser sur la peau avant d'appliquer le timbre.	Prendre le matin et le soir avec de la nourriture.
Consignes générales	**Toujours respecter la posologie indiquée.** Ne pas augmenter la dose plus rapidement que ce qui est prescrit et aviser le professionnel de la santé concerné en cas de soupçons d'effets indésirables.			

Annexe 2 | Comment bien préparer les visites médicales ?

Voici un outil qui vous aidera à bien préparer les visites médicales de votre proche. Notez-y les changements observés dans son comportement et sa routine et apportez-le au prochain rendez-vous. Les exemples que vous y consignerez permettront à l'équipe soignante de mieux comprendre ce qui se passe.

Il est aussi fort utile d'apporter une liste à jour des médicaments pris par votre proche. Attention de ne pas oublier les lunettes et les appareils auditifs, le cas échéant.

Cognition (mémoire/orientation/ communication)	Depuis quand ?	Commentaires et exemples concrets
› Oublie souvent les noms ou les évènements ou comment faire certaines choses. › Ne se souvient plus de l'heure, du mois, de l'année, de la saison ou de l'endroit où il se trouve. › Oublie ses rendez-vous malgré des rappels. › Présente des hésitations ou s'égare dans des lieux connus. › Choisit des vêtements qui ne sont pas appropriés à la saison ou à l'occasion. › Répète les mêmes questions, histoires ou demandes. › A du mal à trouver le mot juste. › Se retire des discussions (retrait social). › Prend plus rarement l'initiative des conversations et utilise des phrases simples. › A de la difficulté à comprendre certains mots ou le sens des phrases.		

Capacité à effectuer des activités routinières	Depuis quand ?	Commentaires et exemples concrets
› Oublie de s'alimenter si seul et de vérifier les dates de péremption des aliments au réfrigérateur ; perd du poids. › A de la difficulté à se servir du téléphone, de la tablette ou de l'ordinateur. › Ne se lave pas sans qu'on le lui rappelle ou a besoin d'aide pour le faire. › Manifeste de l'indifférence face à son hygiène personnelle ou à son apparence. › A de la difficulté avec l'élimination (incontinences urinaire ou fécale) ou a besoin d'être accompagné aux toilettes. › A de la difficulté à calculer la monnaie ou à procéder à des achats. › Fait des erreurs ou des oublis dans la gestion des finances personnelles. › A de la difficulté à faire l'entretien ménager du domicile. › A de la difficulté à planifier, à s'organiser ou à terminer ce qu'il entreprend.		

Comportements	Depuis quand ?	Commentaires et exemples concrets
› Est parfois agité ou agressif. › Présente une perte d'intérêt pour les choses qui l'intéressaient auparavant ; se replie sur lui-même. › Est anxieux, nerveux, irritable ou colérique. › Est méfiant ou croit que quelqu'un lui veut du mal ou veut le voler. › Est impatient, fait des fugues ou fait les cent pas. › Voit ou entend des choses qui n'existent pas ou s'imagine des choses invraisemblables. › A des crises émotionnelles ou est triste ou déprimé. › Se lève la nuit ou a des problèmes de sommeil. › Adopte d'autres comportements dérangeants ou inappropriés.		

Aspects de sécurité	Depuis quand ?	Commentaires et exemples concrets
› Questionnements quant à la sécurité de la conduite automobile › Difficultés dans la gestion de la médication › Disparition de montants d'argent importants ou crainte d'abus › Oublis de nourriture sur la cuisinière › Utilisation de tabac › Comportements téméraires ou manque de jugement › Fugues › Risques de chute › Soupçon de maltraitance › Isolement social		

Ressources

Informations et services

Le CLSC comme ressource de base

Vous vous demandez si un service existe et si vous y avez accès ? Vous avez une question sur un aspect légal ou besoin d'un conseil psychosocial ? Votre premier réflexe devrait être d'appeler votre CSLC, lequel pourra, au besoin, vous diriger vers une autre ressource. Pour obtenir les coordonnées du CLSC le plus près de chez vous, composez le 811.

Société Alzheimer Canada

www.alzheimer.ca

Inscrivez-vous au programme MedicAlert^{MD} Sécu-Retour^{MD} de la Société Alzheimer. Les membres reçoivent un bracelet gravé qui permet à la police et aux premiers intervenants d'identifier rapidement la personne qui s'est égarée. Ce programme s'appuie sur une banque de données confidentielles gérée conjointement avec la Gendarmerie royale du Canada. À l'aide du numéro figurant sur le bracelet, celle-ci peut retrouver et ramener à la maison la personne égarée. Il s'agit d'une solution vraiment rassurante pour le ou les proches aidants.

Fédération québécoise des Sociétés Alzheimer

www.alzheimerquebec.ca

Il existe des Sociétés Alzheimer dans toutes les régions du Québec. Celles-ci proposent une large gamme de services : groupes d'entraide pour les personnes atteintes et pour les aidants ; séances d'information ; services de répit et de stimulation à domicile ; art-thérapie, etc.

L'Appui

www.lappui.org
1-855-8LAPPUI ou 1-855-852-7784

Cette organisation épaule les proches aidants qui fournissent gratuitement des soins et un soutien régulier à des personnes ayant une incapacité susceptible de compromettre leur maintien à domicile.

Le site web contient des renseignements et des conseils généraux ainsi qu'une base de données interactive permettant de trouver des ressources dans sa région.

Depuis 2012, l'Appui offre aussi aux aidants un service téléphonique d'écoute, de référence et de soutien.

Biblio-Aidants

www.biblioaidants.ca

Biblio-Aidants est un programme de l'Association des bibliothèques publiques du Québec. Il est disponible dans plus de 850 bibliothèques publiques et de santé partout au Québec. Consultez le site web pour vérifier si votre bibliothèque participe au programme et obtenir une copie numérique des cahiers. Vous y trouverez entre autres un cahier thématique spécialement consacré à la maladie d'Alzheimer et aux autres maladies apparentées ainsi qu'un autre dédié à la thématique des proches aidants.

AvantÂge

www.centreavantage.ca

La mission d'AvantÂge est de mettre à la disposition du grand public les plus récents résultats des recherches menées par les professionnels de la santé et les chercheurs de l'Institut universitaire de gériatrie de Montréal (IUGM) du CIUSSS du Centre-Sud-de-l'Île-de-Montréal.

Le site web comporte une section à l'intention des aidants. Vous y trouverez des informations complémentaires ainsi que des programmes de formation et de soutien offerts gratuitement en ligne aux proches aidants d'aînés en perte d'autonomie. Des capsules de formation proposent par ailleurs des informations utiles pour mieux comprendre et mieux vivre avec une personne présentant des symptômes comportementaux et psychologiques associés à la maladie d'Alzheimer ou à une autre maladie apparentée.

Alzheimer junior

www.alzjunior.org

Créé par la Fondation Vaincre Alzheimer, AlzJunior est le premier site d'information sur la maladie d'Alzheimer conçu pour des enfants de 6 à 12 ans. Cela peut être une source utile d'information si votre proche et vous avez de jeunes enfants dans votre entourage.

Baluchon Alzheimer

https://baluchonalzheimer.com

Baluchon Alzheimer offre un service de répit et d'accompagnement à domicile aux familles dont un proche est atteint de la maladie d'Alzheimer ou d'une autre maladie apparentée. Il permet aux aidants de prendre du répit en toute tranquillité de 4 à 14 jours sans avoir à déplacer leur proche dans un autre milieu que son domicile. Adressez-vous à votre CLSC pour obtenir plus d'informations.

Regroupements de proches aidants

D'autres personnes vivent cette situation. Elles ont créé des sites web et des blogues, se rencontrent et cherchent de la documentation. Dans un esprit de partage, elles mettent à la disposition des autres proches aidants une panoplie de ressources.

Regroupement des aidants naturels du Québec

www.ranq.qc.ca

Fondé en 2000, le Regroupement des aidants naturels du Québec (RANQ) rassemble 82 organismes membres qui représentent plus de 20 000 proches aidants. Le RANQ a pour mission d'améliorer la qualité de vie des personnes proches aidantes au Québec. Adressez-vous au Regroupement ou à l'Appui pour connaître les coordonnées du regroupement de proches aidants de votre région.

Regroupement des aidants et aidantes naturel(le)s de Montréal

www.raanm.net

Fondé en 1992, le Regroupement des aidants et aidantes naturel(le)s de Montréal (RAANM) est un organisme à but non lucratif qui contribue à l'amélioration des conditions de vie des proches aidants, soit ceux et celles qui apportent soutien, aide, soins et services à l'un de leurs proches (père, mère, conjoint, etc.).

Aspects légaux

Curateur public du Québec

www.curateur.gouv.qc.ca

Éducaloi

www.educaloi.qc.ca

Ouvrages spécialisés

Il existe beaucoup de documentation... presque trop. C'est pourquoi nous avons sélectionné quelques références que nous considérons comme accessibles et qui répondent bien aux questions auxquelles vous pouvez être confronté.

› Gendron, Marie (2015). *Le mystère Alzheimer : l'accompagnement, une voie de tendresse et de compassion,* 2e éd. Montréal : Les Éditions de l'Homme.

  Un ouvrage issu de la main et de l'expérience de la fondatrice de l'organisme Baluchon Alzheimer (mentionné plus haut dans la section « Ressources »). Ce livre peut se voir comme un heureux complément au présent document.

› Shatenstein, B., Kergoat, M.-J. et Reid, I. (2012). *Bien manger en ayant la maladie d'Alzheimer : conseils alimentaires offerts aux proches aidants de personnes atteintes.* Montréal : Institut universitaire de gériatrie de Montréal.

  Cet ouvrage de vulgarisation a été rédigé par des cliniciens et chercheurs de l'IUGM. Il vise à favoriser une alimentation appropriée à tous les stades de la maladie.

› Vaudry, Marie-Pier (2018). *Antirides pour les neurones,* volumes 1 et 2.

  Recueils comprenant 30 à 50 activités et jeux conçus spécialement pour les personnes atteintes d'un trouble neurocognitif comme la maladie d'Alzheimer au stade léger à modéré.

Glossaire

Acétylcholine : substance organique intervenant comme médiateur chimique dans la transmission de l'influx nerveux entre les neurones ou entre les neurones et les muscles dans des fonctions cognitives telles que la mémoire et l'apprentissage.

Agnosie : incapacité à reconnaître des informations liées aux cinq sens sans atteinte de ceux-ci en raison d'une lésion cérébrale, c'est-à-dire : agnosie visuelle (des objets, des lettres, des chiffres, des visages [prosopagnosie]), agnosie auditive (des sons, du langage), agnosie tactile (des textures) et agnosie des odeurs et des goûts.

Anosognosie : difficulté ou incapacité à reconnaître ses troubles, qui sont niés ou sous-estimés.

Anticholinergique : composé pharmacologique qui peut perturber la mémoire et l'apprentissage en réduisant les effets de l'acétylcholine comme neuromédiateur dans le système nerveux central et périphérique.

Anxiolytique : classe des médicaments qui permettent de diminuer les symptômes liés à l'anxiété et au stress.

Apathique : se dit d'un individu qui démontre une perte de motivation, de désir et d'émotion.

Apnée du sommeil : syndrome caractérisé par des pauses respiratoires pendant le sommeil.

Apraxie : difficulté ou incapacité à exécuter des gestes du quotidien alors qu'il n'y a pas de problèmes moteurs ou sensitifs des membres (par exemple, apraxie à l'habillage).

Attention complexe : capacité à garder une information en tête et à la manipuler. Elle est **sélective,** donc centrée sur une information, **divisée** sur plus d'une information ou **soutenue** si elle est maintenue longtemps sur une même information.

Bronchopneumonie : infection par des bactéries ou des virus des bronches et des poumons.

Chute sentinelle : chute conséquente à une maladie sous-jacente suffisamment grave pour y avoir contribué.

Cirrhose : maladie du foie caractérisée par un remplacement progressif des tissus sains par des nodules et du tissu fibreux (fibrose) qui altèrent peu à peu sa fonction.

Cognition sociale : fait référence à l'ensemble des aptitudes et expériences émotionnelles et sociales permettant d'expliquer les comportements humains.

Comorbidité : présence simultanée chez un individu d'un ou plusieurs diagnostics pouvant découler d'une maladie initiale (par exemple, diabète et atteinte des nerfs périphériques [neuropathie], du rein [néphropathie], de la rétine de l'œil [rétinopathie]).

Curateur privé : personne (un proche, le plus souvent) nommée à la suite d'un processus légal pour assurer la protection, l'exercice des droits civils et l'administration des biens d'une personne déclarée inapte après une évaluation médicale et psychosociale.

Curateur public : personne nommée par le gouvernement du Québec ayant comme fonction principale de protéger les droits et les biens d'adultes inaptes.

Déclin cognitif subjectif : perception par un individu d'une diminution de ses capacités cognitives, même si les évaluations standards demeurent normales.

Déconditionnement : représente l'ensemble des conséquences physiques, psychiques et sociales liées à l'inactivité prolongée.

Dégénérescence neurofibrillaire : accumulation anormale d'amas de protéines tau dans la cellule neuronale entraînant la destruction de celle-ci.

Délirium : état caractérisé par une perturbation de la conscience avec diminution de l'attention et une altération des fonctions cognitives : mémoire, orientation, cohérence du langage, perception. Il est d'installation rapide, habituellement de quelques heures à quelques jours. Il fluctue et n'est pas expliqué par un trouble neurocognitif majeur. Le tableau régresse lorsque la cause médicale qui l'a déclenché est traitée.

Dénutrition : déséquilibre de la balance énergétique ; déficit des apports nutritionnels par rapport aux besoins du corps.

Dysfonctions exécutives : difficultés dans le processus cognitif utilisé dans toute action orientée vers un but (voir Fonctions exécutives).

Dysphagie : difficulté à avaler ou encore sensation de blocage des aliments ressentie dans la bouche, la gorge ou le pharynx.

Évaluation neuropsychologique : effectuée par un neuropsychologue, l'évaluation des fonctions cognitives à l'aide de tests standardisés pour l'âge et l'éducation aide à déterminer la cause des troubles cognitifs, comportementaux et affectifs pour ainsi préciser le diagnostic, étudier les forces et faiblesses d'un individu et faire un plan d'intervention individualisé.

Fécalome : accumulation de selles déshydratées, dures et stagnantes dans le rectum qui peuvent atteindre un grand volume.

Fibrillation auriculaire : trouble du rythme cardiaque qui fait battre le cœur de manière irrégulière et souvent plus rapidement.

Fonctions exécutives : ensemble de processus cognitifs utilisés dans toute action orientée vers un but et qui n'est pas un automatisme (par exemple, entreprendre un nouveau parcours pour aller au restaurant avec son déambulateur où, en plus, on doit traverser un boulevard achalandé). Il faut planifier la série d'actions à faire, rester attentif, s'adapter aux imprévus en utilisant son jugement (c'est-à-dire : « Qu'est-ce qui est le mieux ? ») et sa capacité d'autocritique (c'est-à-dire : « Est-ce que je suis capable de le faire ? »).

Forme génétique : attribuable à des modifications ou à des altérations dans des gènes spécifiques qui peuvent être directement transmis des parents aux enfants.

Forme sporadique : maladie qui n'est pas directement transmise des parents aux enfants et qui est la conséquence de plusieurs facteurs ou d'une mutation génétique isolée.

Habiletés perceptivomotrices : capacité d'adapter ses mouvements physiques à une information sensorielle (par exemple, attraper une balle ou un objet qu'on échappe).

Hallucination : fausse perception des sens à laquelle l'individu croit fermement et qui lui fait entendre, voir ou sentir des choses qui n'existent que pour lui.

Hippocampe : structure cérébrale qui joue un rôle central dans la mémoire et l'orientation spatiale (se retrouver dans un lieu).

Hypotension orthostatique : diminution de la tension artérielle systolique de plus 20 mm/hg en passant de la position couchée à debout, accompagnée d'une sensation de perte de connaissance imminente.

Idées paranoïdes : pensées qui se manifestent par une méfiance excessive ou une grande suspicion à l'égard de menaces, persécutions, trahisons ou complots réels ou imaginaires.

Imagerie par résonance magnétique (IRM) : examen radiologique d'imagerie cérébrale qui emploie des forces magnétiques et des ondes radioélectriques pour produire des images détaillées en trois dimensions du cerveau (imagerie structurelle). Il est très précis et oblige le sujet à rester immobile de 30 à 45 minutes.

Inaptitude : dans le contexte de ce livre, l'absence de capacités, des habiletés nécessaires pour se gérer et gérer ses biens de façon adéquate et sécuritaire.

Incontinence : se rapporte à une perte involontaire d'urine ou de selles.

Inhibiteurs de l'acétylcholinestérase ou anticholinestérasique : catégorie de médicaments qui bloquent l'enzyme cholinestérase, ce qui permet de conserver des niveaux élevés d'acétylcholine. L'acétylcholine serait diminuée dans la maladie d'Alzheimer.

Labilité émotionnelle : à la suite d'un problème neurologique, tendance à rire ou pleurer de façon incontrôlable lors d'une émotion.

Maladies neurodégénératives : maladies chroniques invalidantes, habituellement d'évolution lente, qui touchent le système neurologique. Elles provoquent généralement une détérioration du fonctionnement des cellules nerveuses. Les troubles induits sont variés et peuvent être d'ordre cognitivo-comportemental, sensoriel et moteur. Les plus fréquentes sont la maladie d'Alzheimer et la maladie de Parkinson.

Mandataire : personne (un proche le plus souvent) qui a reçu un mandat pour agir au nom d'une autre personne (alors que cette dernière avait des facultés intactes) pour veiller à son bien-être et administrer ses biens dans le cas où elle serait incapable de le faire elle-même. Le mandataire devient responsable lorsque le mandat de protection est homologué, ce qui veut dire, en langage juridique, que la personne est déclarée inapte.

Mémoire de travail : mémoire à court terme qui permet le maintien temporaire d'une information et la manipulation de celle-ci (par exemple, l'infirmière prend le poids, la tension artérielle et le pouls d'un patient et va l'inscrire au dossier).

Mémoire épisodique : mémoire à long terme d'évènements personnels vécus et situés dans le temps et l'espace (par exemple : « J'ai soupé mercredi soir au restaurant avec Paul dans le Vieux-Montréal »).

Mémoire sémantique : mémoire du langage et des connaissances sur le monde et sur soi (par exemple : « Je connais l'impact des changements climatiques et c'est l'enjeu politique que je trouve le plus important »).

Méningite : inflammation des méninges, qui sont les fines membranes enveloppant le cerveau et la moelle épinière.

Néologisme : à la suite d'un problème neurologique, transformation de plus de la moitié d'un mot, ce qui le rend incompréhensible.

Ostéoporose : maladie caractérisée par la perte de masse osseuse et par la fragilisation des tissus osseux, qui peuvent augmenter le risque de fracture.

Paraphasies : à la suite d'un problème neurologique, transformation d'un mot par l'ajout ou le retrait d'une lettre d'une syllabe (par exemple, « sapon » pour « savon ») ou encore le remplacement d'un mot d'une même famille (par exemple, « tigre » au lieu de « panthère »).

Plasticité synaptique ou neuroplasticité : capacité des neurones à effectuer de nouvelles connexions et à constituer des réseaux plus riches si on les stimule.

Polyneuropathie : atteinte des nerfs périphériques qui se manifeste par des faiblesses musculaires ou des troubles de la sensibilité. Elle touche surtout les membres et ses causes sont multiples (par exemple, traumatisme, diabète, déficit vitaminique, virus, etc.).

Polypharmacie : consommation régulière de cinq médicaments ou plus (y compris des produits sans ordonnance) par jour chez un même individu.

Praxie : ensemble des mouvements volontaires de base qui permettent d'accomplir une tâche (par exemple, lacer ses souliers).

Protéine bêta-amyloïde : composant biologique principal des plaques amyloïdes, un agrégat de protéines qu'on retrouve autour des neurones dans certaines maladies neurodégénératives, dont la maladie d'Alzheimer. Cet agrégat diminuerait la communication entre les neurones.

Protéine tau (en anglais *Tubulin-Associated Unit*) : protéine qui participe à l'architecture des neurones et à leur stabilité. Le mauvais fonctionnement des protéines tau entraîne l'agrégation des protéines entre elles et conduit à une destruction des neurones.

Réserve cognitive : processus qui concerne la neuroplasticité, c'est-à-dire un processus d'adaptation du cerveau permettant d'optimiser les performances cognitives.

Sommeil paradoxal : phase du sommeil pendant laquelle on rêve.

Syncope : il s'agit d'une perte de connaissance, le plus souvent brève, liée à une baisse transitoire de la circulation du sang dans le cerveau.

Syndrome crépusculaire : agitation spécifique à la tombée du jour. On peut alors observer chez les personnes souffrant de troubles neurocognitifs majeurs une désorientation, de la confusion, de l'errance et de l'anxiété.

Taux d'incidence : le nombre de cas nouveaux d'une maladie ou d'un évènement qui apparaissent au cours d'une période donnée.

Taux de prévalence : mesure de l'état de santé d'une population, soit le nombre de cas de maladies ou d'évènements sur une période donnée, rapporté à l'ensemble de la population au cours de cette période.

Tomodensitométrie du cerveau (TDM, *scan* cérébral) : examen radiologique d'imagerie cérébrale qui permet de reconstituer des images du cerveau sous forme de fines coupes axiales de moins d'un millimètre en deux ou trois dimensions (imagerie structurelle). Le sujet doit rester immobile 10 à 15 minutes.

Tomographie par émission de positons (TEP) : examen d'imagerie cérébrale en médecine nucléaire qui permet de visualiser le fonctionnement du cerveau (imagerie fonctionnelle). Il associe l'injection d'un produit légèrement radioactif (isotope) visible en imagerie et la prise d'images captées par balayage électronique. L'examen dure jusqu'à 120 minutes, incluant au moins 60 minutes de repos assis après l'injection pour laisser circuler l'isotope et 30 minutes d'immobilité sur la table d'examen.

Trouble neurocognitif léger : présentation d'une diminution des fonctions cognitives selon les évaluations standards, mais sans impact sur le quotidien.

Trouble neurocognitif majeur (TNMC) : présentation d'un déclin cognitif objectif selon les évaluations standards avec impact fonctionnel sur le quotidien.

Tuteur : personne qui sera responsable de l'application d'un régime de protection qui peut être demandé en faveur d'une personne adulte incapable de faire valoir ses droits et d'administrer ses biens elle-même. Le tuteur préserve davantage l'autonomie de la personne inapte que le curateur.

Urémie : accumulation d'urée dans le sang due au mauvais fonctionnement des reins.

α-**synucléine :** protéine abondante dans le cerveau humain retrouvée essentiellement à l'extrémité des cellules nerveuses (neurones). La fonction de cette protéine est mal connue. On la retrouve dans certaines maladies cérébrales neurodégénératives, dont la maladie de Parkinson.

Liste des sigles et abréviations

AVC : accident vasculaire cérébral

BID : deux fois par jour

CHSLD : centre d'hébergement et de soins de longue durée

CIMA-Q : Consortium pour l'identification précoce de la maladie d'Alzheimer-Québec

CISSS : centre intégré de santé et de services sociaux

CIUSSS : centre intégré universitaire de santé et de services sociaux

CLSC : centre local de services communautaires

CTMSP : classification par types en milieu de soins et services prolongés

CT-SCAN : examen de tomodensiométrie

DFT : dégénérescence frontotemporale

DIE : une fois par jour

GMF : groupe de médecine de famille

GPS : Global Positioning System

IUGM : Institut universitaire de gériatrie de Montréal

IRM : imagerie par résonance magnétique

MAH : mécanisme d'accès à l'hébergement

MCL : maladie à corps de Lewy

MMSE : Mini-Mental State Examination
MoCA : Montreal Cognitive Assessment
NIM : niveaux d'intervention médicale
NIP : numéro d'identification personnel
OCCI : outil de cheminement clinique informatisé
RAMQ : Régie de l'assurance maladie du Québec
RCR : réanimation cardiorespiratoire
RI : ressources intermédiaires
RTF : ressources de type familial
SAAQ : Société de l'assurance automobile du Québec
SARCA : service ambulatoire de réadaptation pour la clientèle adulte
SCP-TNCM : symptômes comportementaux et psychologiques de la maladie neurocognitive majeure
SPA : soins postaigus
TEP-SCAN : tomographie par émission de positons
THC : tétrahydrocannabinol
TNCM : trouble neurocognitif majeur

MARQUIS
Québec, Canada

Achevé d'imprimer le 23 mars 2020